LETTRES

SUR LES PROPHÉTIES MODERNES

ET

CONCORDANCE.

LETTRES

SUR LES PROPHÉTIES MODERNES

ET · CONCORDANCE

DE TOUTES LES PRÉDICTIONS

JUSQU'AU RÈGNE D'HENRI V

INCLUSIVEMENT

PAR L'ABBÉ E.-A. CHABAUTY

CHANOINE HONORAIRE, CURÉ DE SAINT-ANDRÉ A MIREBEAU-DE-POITOU.

> Tempus enim prope est.
> APOCALYPSE, I. 3.
> Le temps est proche.

Seconde édition

REVUE, CORRIGÉE ET CONSIDÉRABLEMENT AUGMENTÉE.

POITIERS
HENRI OUDIN, LIBRAIRE-ÉDITEUR
PARIS
VICTOR PALMÉ, ÉDITEUR,
RUE DE GRENELLE-S.-GERMAIN, 25

1872

AVANT-PROPOS

Ces lettres ont reçu du public un accueil favorable ; la première édition s'est rapidement écoulée.

Encouragé par ce succès l'auteur publie une seconde édition dans laquelle il a mis à profit de justes et bienveillantes critiques. Il l'a augmentée de réflexions nouvelles et d'un certain nombre de documents et de textes prophétiques importants qui avaient échappé à son attention et à ses recherches. La matière de l'ouvrage se trouve presque doublée.

INTRODUCTION

1ᵉʳ *Juillet* 1871

LETTRE I.

Mon cher ami,

Il y a déjà plus d'une année, à l'époque du fameux plébiscite, nous devisions dans de fréquentes causeries sur les événements que l'avenir nous préparait. Vous étiez effrayé de mes sombres prévisions, et exaspéré parfois de l'assurance avec laquelle je vous annonçais, à l'encontre de vos espérances, une grande guerre avec les Prussiens, malheureuse pour nos armes, l'invasion de la France, la chute de l'Empire, la guerre civile, l'incendie de Paris. « Et où avez-vous pris, vous êtes-vous souvent écrié, de si terribles pressentiments ? » Invariablement je vous répondais : *Dans les prophéties*. Invariablement aussi, un éclat de rire et une plaisanterie accueillait ma réponse, et vous vous déclariez parfaitement rassuré. Aujourd'hui que toutes ces catastrophes, entrevues alors confusément, se sont déroulées sous nos yeux épouvantés, vous me rappelez nos discussions passées, et vous dites : « Vous aviez raison, les prophéties ne sont pas à dédaigner » ; et, moitié converti, pour achever de détruire vos préjugés, vous voulez que je vous dise : 1° ce qu'il faut sainement penser des prophéties modernes en général ; 2° quelles sont celles, en particulier, qui peuvent inspirer confiance ; 3° enfin, ce qu'elles nous annoncent pour un prochain avenir.

Je désire que ma réponse satisfasse votre curiosité.

PREMIÈRE PARTIE

DES PROPHÉTIES MODERNES EN GÉNÉRAL.

LETTRE II.

AUTORITÉ ET UTILITÉ DES PROPHÉTIES MODERNES.

Inutile de vous démontrer l'existence du surnaturel, la possibilité et la réalité de la révélation et de la prophétie : vous êtes un catholique convaincu, enfant soumis de notre Mère, l'Église romaine.

Il est clair aussi qu'il ne s'agit point, dans notre travail, des prophéties sacrées qui, contenues dans les saintes Écritures, font partie du dépôt de la foi. A celles-ci tout l'assentiment de notre esprit et de notre cœur : nous sommes obligés de croire *d'une foi divine* à tout ce qu'elles annoncent ; elles sont la vraie et certaine parole de Dieu ; nous en avons pour indiscutable garantie l'infaillibilité de l'Église ; l'étude de ces prophéties doit être accompagnée du plus profond respect, et toujours dirigée par ses enseignements.

Nous avons donc à parler seulement de ces *prophéties* que j'appellerai, si vous le voulez, *modernes et privées*, *extra-canoniques ou non sacrées*, par opposition à l'antiquité et à l'autorité des prophéties scripturales : prophéties de dates plus ou moins anciennes, d'auteurs plus ou moins connus, conservées manuscrites ou imprimées parmi les vieux papiers de famille ou dans les coins poudreux des bibliothèques. Avec cette classe de prophéties, complète liberté. Elles sont en tout point du domaine de la critique qui n'a pour règle et pour guide, dans l'examen de leurs titres de crédibilité et dans l'interprétation de leurs textes, que les lumières de la saine raison.

Tout d'abord, cette saine raison nous dit que, de même qu'il ne faut point indistinctement et aveuglément accepter toutes ces prophéties, il ne faut pas non plus, de parti pris, toutes les rejeter.

En dehors des saintes Écritures, il peut exister, et il existe, des prophéties réellement inspirées, c'est-à-dire des connaissances certaines sur l'avenir, résultant de lumières divines communiquées à quelques hommes. Le don de prophétie était fréquent parmi les premiers chrétiens, et l'Église ne perd pas ce qu'elle a une fois reçu. D'âge en âge, le Seigneur s'est plu à gratifier de ce don des âmes privilégiées. Aussi, M. de Maistre avait-il raison d'affirmer « que jamais il n'y a eu dans le monde de « grand événement qui n'ait été prédit de quelque ma- « nière » (*Soirées de Saint-Pétersbourg*). C'est pourquoi saint Paul recommande, non-seulement aux fidèles de son temps, mais à ceux de tous les siècles, « de ne point « mépriser les prophéties : *Nolite prophetias spernere*, « mais de les examiner attentivement pour garder ce « qui est bon à retenir : *omnia autem probate et quod* « *bonum est tenete* [1]. » Évidemment, l'Apôtre dans ces paroles avait uniquement en vue les prophéties privées,

---

1. I ad Thessal., v, 20.

puisque sa recommandation n'aurait pas eu de sens s'il se fût agi des prophéties canoniques, objet de la plus grande vénération et de l'étude constante des premiers chrétiens, et dans lesquelles tout « *est bon à garder* ».

Concluons de là qu'un catholique ne peut pas, d'une *manière générale* et *absolue*, repousser *toutes* les prophéties privées. Aujourd'hui sur bien des lèvres, même sacerdotales, se trouve souvent cette formule : « Je ne puis croire, je ne crois pas aux prophéties. » Si cette phrase, dans la pensée et dans le ton de ceux qui la profèrent, signifie : « Je ne veux ni m'occuper, ni m'inquiéter des prophéties modernes », il n'y a rien à dire : c'est affaire de conduite personnelle ; libre à chacun de s'intéresser ou de rester indifférent à ces dons particuliers de l'Esprit-Saint. Mais si la phrase a réellement et présente cette signification que, en dehors des prophéties scripturales, on n'admet point la possibilité ou l'existence de prophéties divinement inspirées, elle se heurte inconsidérément à une question dogmatique. Ainsi entendue, la proposition deviendrait fausse et dangereuse :

Fausse, parce qu'elle serait contraire à cette autre proposition de théologie, fondée sur les saintes Ecritures, spécialement sur les Epîtres de saint Paul, sur la doctrine des saints Pères et sur les faits de l'histoire ecclésiastique, par conséquent certaine et proche de la foi : que le don de prophétie a toujours existé dans l'Eglise ;

Dangereuse, parce qu'elle aurait une apparence et une teinte de rationalisme. Dans nos temps malheureux, où le rationalisme et le naturalisme nous enserrent de toutes parts et pénètrent partout, n'y aurait-il pas danger, pour la foi des simples fidèles, que le prêtre ou le catholique instruit semblât avoir peur de l'intervention trop fréquente de Dieu dans le monde? Il faut sans doute se tenir ferme dans les limites d'une saine doctrine éloignée de toute crédulité et superstition; mais je crois qu'il est plus que jamais indispensable de lever bien haut la bannière du surnaturel. Discutons chaque prédiction ou chaque fait selon nos idées et à notre point de vue, rien de mieux : c'est de droit et de nécessité ; mais, en face des attaques habiles et acharnées dont le surnaturel est l'objet, ne cédons ni « *un pouce* de notre terrain, ni *une pierre* de nos forteresses ».

La prescription de saint Paul répond encore à une objection qu'on ne manque pas de faire : « A quoi bon s'occuper de ces prophéties? » Le grand Docteur, en effet, n'a pu recommander quelque chose d'inutile.

Étudiées avec sagesse, les prophéties extra-canoniques peuvent aider à l'intelligence des saintes Écritures, principalement dans les parties qui ont rapport aux derniers temps. A un autre point de vue, elles ont presque la même utilité que les prophéties sacrées, quoiqu'en un degré différent et avec une autorité moindre : elles peuvent servir à dessiller les yeux au pécheur, à affermir le juste dans la foi, à éviter une surprise trop douloureuse aux enfants dévoués de l'Église. « Car, dit « saint Grégoire, les malheurs qui surviennent causent « moins de troubles lorsqu'ils ont été connus d'avance, « et les coups frappent moins rudement quand on les a « prévus. » Bien des esprits légers ou prévenus seraient vivement et utilement impressionnés par des événements accomplis à leur époque et sous leurs yeux, dont les prophéties leur auraient donné la connaissance anticipée. La réalisation de prédictions connues dix ans, vingt ans, trente ans auparavant, les frapperaient bien davantage, et beaucoup mieux que la plus solide thèse philosophique et théologique les convaincrait de ces grandes vérités : que les affaires de ce monde ne sont pas uniquement du domaine de la volonté et de la puissance des hommes ; que Dieu par sa Providence y mêle son action et les dirige ; que ce n'est ni l'habileté politique, ni la force brutale qui ont le dernier mot, même ici-bas ; que Jésus-Christ gouverne et protége son Église, parce qu'elle est son œuvre ; qu'après l'avoir éprouvée, il l'exalte, et qu'elle n'est jamais plus près du triomphe que lorsque ses ennemis croient l'avoir pour toujours abattue. D'un autre côté, au milieu des angoisses du temps présent, quelle consolation et quel encouragement pour le chrétien fidèle, de savoir, non pas seulement d'une manière générale par la philosophie de l'histoire, mais d'une façon certaine, à dates prochaines et précises, que les succès des méchants sont momentanés, « l'*heure* « des puissances de ténèbres » ; que l'orage sera court ; que le calme et la paix vont bientôt revenir dans la société civile et religieuse ; enfin que les fléaux vengeurs, châtiments des crimes, peuvent être atténués, écartés même, par la prière et la réparation des justes. Toutes les prophéties terribles sont, en effet, conditionnelles : nous le savons par les saintes Écritures, et plusieurs prophéties modernes le disent formellement.

Par rapport aux intérêts matériels eux-mêmes, les prophéties privées ont leur utilité. Si, en février 1848 et en juillet 1870, politiques, financiers, hommes d'industrie et de commerce avaient connu et cru certaines de ces prophéties, il leur eût été possible d'éviter dans leur fortune particulière des désastres de plus d'une sorte.

— Soit, direz-vous. Mais comment s'y reconnaître au milieu « de ces centaines d'oracles, étranges et incohé-« rents, répandus par toute la France depuis un demi-« siècle » ?

— Permettez-moi de vous dire que ces oracles ne paraissent étranges et incohérents qu'à ceux qui les lisent sans attention ni étude, et qui ne veulent pas se donner la peine de faire, au moyen de la critique, un choix et une concordance raisonnables.

Avant la venue de Jésus-Christ, les Juifs auraient pu faire ce même reproche à leurs prophètes. Les contradictions, les incohérences, les étrangetés apparentes des prédictions sur le Messie ont disparu devant les faits réalisés. Pourquoi n'en serait-il pas ainsi pour un grand nombre de prophéties privées qu'un sévère examen aura fait accepter? L'avenir éclaircira ce qui semble obscur, et accordera ce qui paraît en désaccord. Cela s'est fait déjà pour plusieurs événements accomplis; il en sera ainsi pour le reste. Il est vrai que, il y a un an, la France savante et lettrée ne pouvait tenir compte de ces oracles annonçant d'immenses catastrophes, alors qu'elle croyait et prétendait avec assurance nous faire marcher dans une ère de paix et de progrès. Les catastrophes sont venues, donnant, hélas! trop raison aux prophéties, et infligeant un cruel démenti à l'orgueilleuse confiance de nos sages.

Ne serons-nous donc pas instruits par cette expérience, et ne comprendrons-nous pas enfin qu'il est bon, qu'il est utile de prêter une attention sérieuse à la suite des prédictions?

LETTRE III.

RÈGLES POUR LE CHOIX DES PROPHÉTIES MODERNES.

Mais pour diriger notre choix il nous faut une règle. Quel criterium prendrons-nous ?

N'attendez pas que je vous explique au long toutes les règles qui servent de guide dans la démonstration de l'authenticité, de la véracité, de l'intégrité et de la divine inspiration des prophéties canoniques : je vous ennuierais inutilement. Posons seulement quelques principes de sens commun.

Mettons avant tout que la prophétie privée qui contiendrait quelque chose de contraire aux prophéties scripturales, à la foi, aux mœurs, aux enseignements de l'Église et de la tradition, doit être impitoyablement rejetée. Au contraire, la prophétie qui aurait pour elle l'approbation plus ou moins expresse de l'Église devra être prise en plus grande considération que les autres. Mais cette approbation est donnée fort rarement ; et d'ordinaire dans les écrits approuvés qui contiennent des prophéties, elle porte bien plutôt sur la pureté de la doctrine en général que sur les prédictions en particulier.

Trois ou quatre règles de bons sens suffiront, je pense, pour nous aider à faire un choix rationnel.

En premier lieu, il faut examiner si l'écrit présenté comme prophétique mérite véritablement ce nom.

Pour cela, trois conditions sont nécessaires.

Il faut que les prédictions soient :

1° Nettes et précises.

Si elles sont générales et vagues, c'est une vue philosophique sur l'avenir, et non une prophétie.

2° Assez notablement antérieures aux événements annoncés : autrement ce pourrait n'être qu'une prévision ou une déduction historique de quelque esprit supérieur.

3° Suffisamment compréhensibles pour que les fidèles d'une intelligence ordinaire entendent soit dans l'original, soit dans la traduction le langage employé par le prophète, et sachent quels sont les faits qu'il prédits.

Si au contraire l'écrit prétendu prophétique est tellement obscur et indéchiffrable qu'il soit d'un bout à l'autre une sorte d'énigme et de logogriphe, demandant un travail d'explication considérable et souvent infructueux aux esprits même les plus instruits, il ne saurait être regardé comme une prophétie divinement inspirée. Il peut devenir la matière d'un exercice, *d'un jeu à la prophétie*; mais la lumière de Dieu n'est pas là. Cet écrit, manquant complétement le but de la prophétie privée, est tout à fait inutile : or l'Esprit-Saint ne fait rien d'inutile.

Il ne faut pas raisonner de la prophétie non sacrée comme de la prophétie canonique. Dans l'étude et l'interprétation de celle-ci, nous avons à côté de nous et au-dessus de nous l'autorité infaillible de l'Église, qui nous donnera l'interprétation authentique du passage incompréhensible quand besoin sera, au moment marqué par Dieu. Mais dans les prédictions extra-canoniques dont le but principal est de consoler et de fortifier les fidèles, tantôt dans leurs peines et leurs combats, tantôt au milieu des épreuves de l'Église, la compréhension et l'interprétation du langage prophétique sont entièrement abandonnées à leur intelligence et à leur libre examen. Il faut donc que ce langage soit à leur portée, que l'interprétation soit assez facile pour qu'ils la fassent eux-mêmes et qu'ils puissent choisir au besoin entre des explications contraires, s'il en était donné.

En second lieu la prophétie doit avoir une géographie et une chronologie au moins implicites, c'est-à-dire que, dans l'absence de dates et d'indications de lieux formelles, le contexte doit montrer à peu près à quelle époque et en quel pays s'accompliront les événements prophétisés.

Tout écrit prophétique qui remplit ces deux conditions me paraît posséder un titre suffisant de crédibilité. La prophétie est bonne à garder ; l'avenir lui ôtera ou lui donnera créance.

Il ne serait pas même nécessaire que la question d'authenticité fût parfaitement élucidée. Les auteurs de ces prophéties sont ordinairement des âmes humbles et cachées que Dieu favorise de ses dons : elles aiment à rester ignorées, et, à moins de circonstances particulières, elles ne pensent guère à faire passer leur nom ou leurs prédictions à la postérité.

On ne doit pas non plus exiger que les événements soient prédits ou se réalisent dans un ordre chronologique rigoureux. « Les prophéties contenues dans les « livres de l'Ancien Testament ne sont pas des histoires « écrites avec l'ordre et la précision chronologiques, dit « Mgr de Frayssinous [1], mais des tableaux hardis qui « représentent sur un même fond des objets prochains

---

1. Défense du Christianisme, t. II, *Conférences sur les Prophéties.*

« et des objets éloignés ». Nous ne serons donc pas plus sévères pour les prophéties modernes que pour celles des saintes Écritures.

En troisième lieu, il faut rechercher, et c'est un point capital, si la prophétie n'a pas eu déjà un commencement d'accomplissement. Son autorité pour l'avenir augmentera d'autant selon le nombre et l'importance des prédictions réalisées.

Enfin, si la prophétie réunit, et au plus haut degré, toutes les conditions ci-dessus énoncées, si elle est nette et claire dans ses prédictions, si elle est notablement antérieure aux événements, si des faits nombreux et humainement impossibles à prévoir se sont accomplis et précisément aux dates prophétisées, on ne pourra pas raisonnablement nier que l'auteur, quel qu'il soit, n'ait reçu l'esprit prophétique et qu'on ne doive donner à ses prédictions l'adhésion *d'une foi humaine* pleine et entière.

DEUXIÈME PARTIE

DES PROPHÉTIES MODERNES EN PARTICULIER.

LETTRE IV.

DE LA PROPHÉTIE D'ORVAL.

Parmi toutes les prophéties modernes, il en est une qui plus que toutes les autres possède les conditions dont nous avons parlé : c'est la prophétie d'Orval. Elle mérite un examen spécial.

Il n'est personne qui ne connaisse la prophétie d'Orval. A diverses reprises, elle a eu en Europe et surtout en France un immense retentissement. D'après l'opinion la plus commune, un pieux Religieux de l'abbaye d'Orval en serait l'auteur [1]. Les prédictions remontaient, dit-on, au règne des derniers Valois; elles finissent à l'Antechrist. La première partie est perdue. Celle que nous possédons commence à Bonaparte et aurait été copiée en 1793 sur un exemplaire imprimé en 1544.

---

1. L'abbaye d'Orval (*Aurea Vallis*), de l'Ordre de Citeaux, était située au milieu de la forêt de Chiny dans le grand-duché de Luxembourg, à 12 kilomètres de Montmédy (Meuse).

I. La prophétie d'Orval n'a point eu l'approbation ni directe ni indirecte de l'Église.

Il suffit de la lire pour voir qu'elle ne contient rien de contraire aux mœurs ou à la foi, et pour être étonné de sa clarté et de sa précision dans les indications des dates, des lieux, et dans les détails des événements prophétisés.

II. Elle est notablement antérieure aux faits prédits.

Je ne veux point entrer dans les discussions qu'a soulevées, il y a vingt ans, la question de l'authenticité de cette prophétie.

Je n'ai rien à dire ni d'une condamnation célèbre qui ne prouvait rien, ni d'une rétractation qui ne prouvait pas davantage.

Peu importe le titre primitif de la prophétie, le nom de son auteur et son époque, la langue dans laquelle elle aurait été écrite dans le principe, en latin ou en vieux français : peu importe qu'elle ait subi des interpolations plus ou moins volontaires dans les commencements du texte que nous possédons. Quand bien même on pourrait réfuter victorieusement les solides arguments par lesquels bon nombre d'écrivains en ont démontré l'authenticité depuis 1793, rien n'empêcherait que la prophétie d'Orval ne possédât actuellement un texte parfaitement authentique et intègre depuis l'année 1839 au moins : par conséquent qu'elle ne soit antérieure de 9 à 30 ans aux événements qu'elle a prédits depuis cette époque jusqu'à cette présente année. C'est tout ce qui est nécessaire.

J'ai là devant mes yeux ce texte publié : 1° dans le *Journal des Villes et des Campagnes*, n° du 20 juin 1839 ; — 2° dans un petit volume broché, intitulé : *Prophétie*.

*La Fin des temps, avec une notice, par Eugène Bareste,
3ᵉ édition, Paris*, 1840.

III. Des faits nombreux prédits par cette prophétie et humainement impossibles à prévoir se sont accomplis à la lettre, depuis 1839 jusqu'à l'année 1871.

Citons la prophétie et commentons la :

Le prophète a prédit l'avénement de Bonaparte, la première Restauration, les Cent Jours, la seconde Restauration, la paix et la félicité revenues avec les Bourbons qu'il désigne sous ces expressions : « la fleur blanche » (le lis), « le vieux sang de la Cape » (les Capétiens). Il poursuit en ces termes :

« Cependant les fils de Brutus oyent avec ire la fleur
« blanche et obtiennent règlement puissant ; ce pourquoi
« Dieu est moult fâché à cause de ses élus... Ce pour-
« tant Dieu veut éprouver le retour à Lui par *dix-huit
« fois douze lunes*. . . . .
« Sus donc lors une grande conspiration contre la fleur
« blanche chemine dans l'ombre par mainte compagnie
« maudite, et le pauvre vieux sang de la Cape quitte la
« grande ville, et moult gaudissent les fils de Brutus. Oyez
« comme les servants de Dieu crient fort à Dieu et que
« Dieu est sourd par le bruit de ses flèches qu'il retrempe
« en son ire pour les mettre au sein des mauvais. Mal-
« heur au Celte Gaulois ! Le coq effacera la fleur
« blanche, et un grand s'appellera le roi du peuple »
(1830)...

« Dieu seul est grand ! le règne des mauvais sera vu
« croître ; mais qu'ils se hâtent. Le roi du peuple assis
« sera vu en abord moult foible, et pourtant contre ira
« bien des méchants. Mais voilà que les pensées du Celte
« Gaulois se choquent et que grande division est dans

« leur entendement. Le roi du peuple n'était pas bien
« assis, et voilà que Dieu le jette bas (Révolution de
« février 1848). Hurlez, fils de Brutus! (République de
« 1848.) Appelez sur vous par vos cris les bêtes qui vont
« vous manger (ou dévorer)! (Coup d'État, 2 décembre
« 1851.) Dieu grand! Quel bruit d'armes! Il n'y a
« *pas encore un nombre plein de lunes*, et voici venir
« maints guerroyers (Guerre de Prusse, août 1870). C'est
« fait : la montagne de Dieu désolée a crié à Dieu; les
« fils de Juda ont crié à Dieu de la terre étrangère, et
« voilà que Dieu n'est plus sourd. Quel feu va avec ses
« flèches! *Dix fois six lunes et puis encore (ou pas encore)*
« *six fois dix lunes* ont nourri sa colère. Malheur à toi,
« grande ville! Voici des (ou dix) rois armés par le Sei-
« gneur (Siége de Paris, septembre 1870). Mais déjà le
« feu t'a égalée à la terre. (Incendie de Paris, mai 1871.)
« Pourtant tes justes ne périront pas : Dieu les a écoutés.
« La place du crime est purgée par le feu. Le grand
« ruisseau a conduit toutes rouges de sang ses eaux à
« la mer. »

Les événements annoncés jusqu'à ces mots : « *Dieu*
« *seul est grand, le règne des mauvais sera vu croître...* »
se sont accomplis. Nous n'avons transcrit cette partie du
texte qu'à cause de la date *dix fois douze lunes* qui prédit le temps que doit durer le nouvel ordre de choses
succédant à la Restauration.

« *Ce règlement puissant qu'obtiennent les fils de*
« *Brutus* » (les libéraux de cette époque, fils de la Révolution de 93 et pères de l'Internationale et de la Commune de 1871), c'est l'ordonnance royale du 13 juin
1828, arrachée au roi Charles X, par le parti libéral, qui
proscrivit les Jésuites et du même coup confisqua la

liberté d'enseignement et d'association au profit de l'Université, c'est-à-dire de la Révolution.

« *Ce pourquoi Dieu est encore moult fâché à cause de ses élus.* » Bien mieux qu'en 1830 et en 1840, nous comprenons aujourd'hui cette *irritation divine* en voyant ce que le monopole universitaire et son enseignement ont fait de la France catholique.

« L'Université est parvenue à diminuer le christia-
« nisme sur le sol français. Les années de calme relatif
« qui séparent nos crises révolutionnaires sont em-
« ployées par elle à ce travail incessant. » (A. de Lansade, *Univers*, 1871.)

Avant de frapper dans son influence, ses biens, sa sécurité, cette bourgeoisie libérale et anti-catholique que la Révolution de 1830 allait faire triompher, « *Dieu veut
« éprouver le retour à Lui par dix-huit fois douze lunes* ». La Révolution éclate. Elle est bien clairement prédite : il n'y a pas à se tromper. Les trois journées de juillet chassent « *le pauvre vieux sang de la Cape* ». Et « *un
« grand* », le duc d'Orléans, s'appelle « *le roi du peuple* » sous le nom de Louis-Philippe Ier. « *Le Coq* » gaulois « *a effacé la fleur blanche* » et devient le signe symbolique du nouveau règne.

Tout ce qui suit était, en 1839 et 1840, de l'avenir et de l'avenir complètement inconnu. Supposons, avec les incrédules et les détracteurs de la prophétie d'Orval, qu'elle ait été composée vers ce temps-là par un imposteur quelconque. Comment en 1839 aurait-il pu prévoir et prophétiser la chute de Louis-Philippe, à date précise et à si courte échéance, après 8 ou 9 ans?

Alors que ce règne, « *en abord moult faible* », de plus en plus s'affermissait en apparence aux yeux de tous.

Le gouvernement paraissait appuyé à l'étranger par des alliances, à l'intérieur par une armée nombreuse et dévouée, par une très-grande majorité dans les Chambres, par une prospérité commerciale et financière inouïe ; il était entouré de jeunes princes estimés et aimés des soldats et du peuple ; il avait une capitale qui bientôt allait être puissamment fortifiée pour mettre le gouvernement, comme alors on le croyait et on le disait, à l'abri des ennemis du dedans comme de ceux du dehors. Comment pressentir humainement cette chute prochaine et une telle chute « qui surprit tout le monde [1] », même ceux qui l'avaient amenée ?

On s'attendait bien à une Révolution, mais seulement à la mort du vieux roi. Au commencement de 1848, Philippe se vantait, en public comme en particulier, de ce que son gouvernement était le plus solide de l'Europe. « *Mais il n'était pas bien assis, et voilà que Dieu le jette* « *bas.* » Etait-il possible d'exprimer en si peu de mots et d'une manière si saisissante de vérité, la chute ignominieuse de ce malheureux prince ? Nous l'avons vu « *jeter* « *bas* » en quelques heures et se sauver sous le vêtement du peuple, en toute hâte, comme un valet pris en flagrant délit, que son maître aurait chassé. « *Dix-huit fois douze* « *lunes* » auparavant, « *le pauvre vieux sang de la Cape* » avait quitté la « *grande ville* » ; mais quelle différence ! Charles X se retira en roi.

Le hasard pouvait-il servir aussi à souhait l'imposture ?

Poursuivons : nous ne trouverons pas moins de précision énergique dans la prédiction et d'exactitude frappante dans l'accomplissement.

---

1. Chantrel, *Histoire contemporaine*, Paris, t. II, p. 376.

« *Hurlez, fils de Brutus* » : la République de 1848 nettement annoncée. « *Appelez sur vous par vos cris les bêtes qui vont vous manger (ou vous dévorer).* » N'avons-nous pas tous entendu les cris, les hurlements, les fureurs des « *fils de Brutus* », des républicains, des socialistes, des révolutionnaires de toute nuance, surtout pendant les mois de mai et de juin 1848, dans leurs journaux, dans leurs écrits, dans leurs actes, à Paris et en province, jusqu'au coup d'État du 2 décembre 1851 ? Ne sont-ce pas ces cris et ces fureurs qui ont été le motif déterminant pour lequel les républicains honnêtes, avec toutes les autres fractions du parti de l'ordre, se sont jetés dans les bras de Louis-Napoléon, la *bête* qui, avec les autres *bêtes* qui l'entouraient, a mangé la République et les républicains ? Dans les commencements du règne de Louis-Napoléon, dont les premiers actes ne faisaient pas prévoir la suite, cette partie de la prophétie d'Orval paraissait tout à fait incompréhensible. On répugnait à reconnaître en ce prince et en son gouvernement les *bêtes* qui devaient « *manger les fils de Brutus* ». Et cependant le fait était là : Louis-Napoléon et les siens avaient bien dévoré la République qui était devenue l'Empire, aux applaudissements de huit millions de Français. Les *bêtes* de race féline cachaient leurs excréments et leurs griffes ; mais depuis........ Quelle qualification plus énergiquement vraie conviendrait donc à ceux qui, après avoir physiquement d'abord mangé la République, ont mangé non moins réellement la France en s'engraissant de ses richesses, qui moralement l'ont *abêtie* sous tous les rapports, en appuyant de leur exemple et de leur autorité la prédication et la glorification des doctrines les plus impies et les plus immondes, en favorisant et en développant les instincts les plus grossiers du peuple, en s'appliquant de mille manières à détruire dans toutes les classes de la société le sens moral et religieux ! Louis-Philippe avait laissé la France bien matérialisée : il me souvient encore des sanglants mais justes reproches adressés de toutes parts à ce règne corrupteur. Cependant, il y avait encore en France en 1848 un grand nombre de fibres qui n'avaient pas été atteintes. Rapidement se forma le grand parti de l'ordre, actif et énergique, portant hautement sur sa bannière la devise : Religion, Famille, Propriété. Les *bêtes* impériales sont venues, et en moins de vingt années elles ont infiltré la corruption partout ; elles ont mis la France à leur niveau, elle ne peut plus descendre, à moins de devenir, tout entière, l'Internationale. Affaissement des intelligences, abaissement des caractères, impiété, corruption, égoïsme, lâcheté, voilà ce que montre dans son ensemble le grand parti qu'on appela conservateur, et qui fut autrefois la vraie France aux jours du danger ! Et nous avons vu Sédan, l'invasion, l'incendie de Paris !

Ah ! s'écrie M. L. Veuillot à propos de ce dernier événement, « si quelque prophète avait annoncé ce que
« nous voyons, et en était resté là, des voix se fussent
« élevées aussitôt pour attester qu'alors se verraient
« d'autres merveilles. Tout le monde se fût dit qu'alors
« la France serait consolée par un suprême élan des
« esprits et des cœurs ; que quelque chose de grand
« éclaterait soudain à la face du monde, qu'il y aurait
« des repentirs et des aveux sublimes, et qu'enfin de
« cette montagne de cendres un phénix surgirait. Or, il
« n'y a rien, et rien ne s'annonce, et tout semble annon-

« cer au contraire qu'il n'y aura rien [1] ». Et il n'y a rien eu. Est-il assez clair que, 19 ans durant, la France a été livrée aux *bêtes* qui l'ont faite à leur image ? Ce serait à désespérer du salut, si Dieu n'avait pas dit par ses prophètes qu'il nous sauverait sans nous et malgré nous.

Avant que tous ces grands événements ne vinssent éclairer les commentateurs du prophète d'Orval, on croyait qu'il avait passé sous silence tout le second Empire. Mais maintenant on voit mieux que jamais avec quelle concision énergique le solitaire formule ses prédictions. Les deux faits saillants qui dans l'histoire caractériseront ce funeste règne, à savoir, l'abaissement physique et moral de la France et la persécution hypocrite de la Papauté, sont nettement marqués en deux mots aussi frappants de vérité que de force : les *bêtes* et la *Montagne de Dieu désolée*. L'Eglise, figurée dans les saintes Ecritures par la montagne de Sion, appelée montagne de Dieu, *mons Dei*, l'Église a été désolée par les menées ténébreuses et par la politique machiavélique « d'un gouvernement qui, on ne le sait que trop aujour- « d'hui, ne se portait en défenseur exclusif de la Papauté « que pour mieux la livrer » [2].

Quand et de quelle manière la juste colère de Dieu terminera-t-elle ce règne déplorable ?... Ecoutez, la prophétie n'est ni moins concise, ni moins exacte.

« *Dieu grand! quel bruit d'armes! il n'y a pas encore un* « *nombre plein de lunes et voici venir maints guerroyers.* » Plus de six longs mois, du 19 juillet 1870 au 27 janvier 1871, la France entière a entendu, au physique et au

---

1. *Univers*, 28 mai 1871.
2. M. Pajot, premier rapporteur de la Commission sur les pétitions des Évêques. (Assemblée Nationale, séance du 22 juillet 1871.)

moral, un « *bruit d'armes* », d'armements et d'armées, comme à aucune autre époque de son histoire. Jamais, depuis les grandes invasions des barbares, elle n'avait été inondée d'un pareil déluge de « *guerroyers* ». Etait-il possible en 1839, sans avoir l'esprit prophétique, d'annoncer à leur date précise, comme nous le verrons, ces grands mouvements d'armes et de soldats, ce bruit extraordinaire des canons, des mitrailleuses, des fusils et de tous les engins perfectionnés de notre époque, avec l'énergique exactitude de ces deux exclamations : *Dieu grand ! quel bruit d'armes !*

« *C'est fait : la montagne de Dieu désolée a crié à Dieu ; et voilà que Dieu n'est plus sourd.* La montagne de Dieu aujourd'hui, c'est le Vatican à Rome. Là, la Papauté, depuis longtemps désolée, « *avait crié* » à Dieu par la prière ; elle avait remis aux mains du Seigneur sa cause abandonnée des hommes. Là, était réuni le grand Concile, sourdement entravé dans son œuvre par la même puissance ennemie. Et tous les Pontifes de l'Eglise ont poussé vers Dieu le grand cri de détresse, le dernier cri. Et, avec eux de la terre de l'exil, « *les fils de Juda* », les rois légitimes de la maison de Bourbon, dont celle de Juda est prise comme figure par le prophète, Henri V, les rois d'Espagne et de Naples, ont crié à Dieu par leurs protestations. « *Et voilà que Dieu n'est plus sourd.* » « *C'est fait.* » Une grande guerre est déclarée avec la légèreté et l'imprévoyance des esprits que le Seigneur aveugle ; et l'ennemi du Pape et des Rois légitimes, Louis-Napoléon, est tombé ; et voilà que commence en même temps le châtiment de la France voltairienne, luxurieuse et athée. Dieu avait été sourd en 1830 : « *il retrempait ses flèches en son ire* ». Il les avait montrées en 1848 : le sauveur Napoléon avait fait délaisser et oublier le Sauveur Jésus. Mais maintenant « *il n'est plus sourd* ». Voilà la première phase du châtiment.

« *Quel feu va avec ses flèches !* » Ce feu terrible, c'est le feu « *d'enfer* », de la formidable artillerie employée de part et d'autre dans cette grande lutte; le feu des bombardements aux obus incendiaires, le feu nouveau des bombes pleines de pétrole; c'est aussi le feu des incendies dans les villes bombardées : Strasbourg, Phalsbourg, Mézières, Thionville, Péronne, Bitche, Toul, Belfort, etc., et enfin Paris. Dans aucun bombardement on n'avait encore lancé tant de projectiles, et de si lourds, et de si loin. Et ces projectiles poussés par le feu portaient un feu nouveau, un feu liquide. La parole du prophète exprime tout à la fois l'interrogation : « Quel est ce feu ? » et l'effroi : « Quel épouvantable feu ! »

« *Malheur à toi, grande ville: voici des (dix) rois armés par le Seigneur !*

Dès le début de la guerre, Paris a été l'objectif principal de l'armée prussienne. Après le 6 août, la marche sur « *la grande ville* » a commencé; les rois armés par le Seigneur venaient; et, le 18 septembre, Paris était investi. Nous les avons vus, il y a six mois, le roi de Prusse et les autres souverains, autour de notre capitale. Leur chef, devenu sous ses murs empereur d'Allemagne, se proclamait l'envoyé et le justicier de Dieu. « Je m'in-
« cline devant Dieu qui *seul nous a élus, moi, mon*
« *armée et mes alliés*, pour exécuter ce qui vient d'être
« fait, *et nous a choisis comme instruments de sa volonté.*
« Ce n'est qu'ainsi que je puis comprendre cette œuvre,
« pour rendre grâce à Dieu *qui nous a conduits* [1]. »

1. Lettre de Guillaume à la reine de Prusse.

Une variante dit : « *dix rois* ». — « Autrefois l'Empire
« d'Allemagne était divisé en 10 cercles. Cette division,
« instituée en 1512 par l'empereur Maximilien, se main-
« tint jusqu'à la fin du 18ᵉ siècle [1]. » Mais cette année
même il n'aurait pas été difficile de compter autour de
Paris dix personnages, ayant les prérogatives royales,
sinon tous en personnes, au moins représentés par leurs
généraux et leurs soldats. Plusieurs d'entre eux gouver-
naient récemment encore avec une autorité indépendante
leurs royaumes ou leurs duchés, avant qu'ils ne fussent
incorporés de gré ou de force à la Prusse : 1° royaume
de Prusse ; 2° royaume de Bavière ; 3° royaume de Saxe;
4° royaume de Wurtemberg ; 5° royaume de Hanovre ;
6° grand-duché de Bade ; 7° grands-duchés de Holstein ;
8° grands-duchés de Mecklembourg ; 9° grands-duchés
de Hesse ; 10° grands-duchés de Saxe.

« *Mais déjà le feu t'a égalée à la terre.* »

Il est remarquable que la prophétie annonçant « *les
« Rois armés par le Seigneur* », indique qu'ils ne seront
pas les exécuteurs de l'entière punition. Malgré toute
l'envie qu'ils ont d'humilier, d'abaisser, d'anéantir
Paris, ils commenceront seulement le châtiment ; ils
n'incendieront pas « *la grande ville* ». A peine les fureurs
de la guerre sont-elles calmées, à peine la paix est-elle
conclue, les « *Rois* » sont encore là, leurs troupes occu-
pent les forts de Paris, et « *déjà le feu* » allumé par des
mains françaises « *l'a égalée à la terre* ».

« *Pourtant tes justes ne périront pas ; Dieu les a
« écoutés.* » Pourtant, dans les desseins des méchants, ils
devaient tous périr ; les églises devaient être toutes brû-

---

[1]. Bouillet, *Dict. univ. d'histoire et de géographie*, 10ᵉ éd. Paris, 1855, au mot : *Allemagne*.

lées. Mais les justes ont prié, et « *Dieu les a écoutés* ». Il en a péri un nombre trop grand, hélas ! — Il faut toujours au Seigneur quelques victimes choisies et agréables à sa justice. — mais bien petit, relativement à l'immense quantité destinée à la mort. Toutes les églises et toutes les maisons religieuses sont restées debout au milieu des ruines amoncelées autour d'elles par les flammes. « Un
« des projets de la Commune, dit le *Monde*, était la
« destruction des édifices du culte... la destruction radi-
« cale des églises et des couvents... Ils ont tenté d'ac-
« complir ce plan infernal. Qu'en est-il advenu ? — La
« Sainte-Chapelle s'élève radieuse et brillante au milieu
« du Palais de Justice incendié, et les flammes qui l'entou-
« raient n'ont pas seulement terni l'éclat de ses dorures.
« La vieille Notre-Dame est toujours debout, malgré le
« feu qu'on avait allumé sous ses voûtes, et les dentelles
« de pierre dont elle est enveloppée n'ont pas reçu un
« éclat d'obus. A Saint-Sulpice, l'office divin a été à
« peine interrompu. Saint-Gervais dresse encore sa tour
« au travers des murs de l'Hôtel-de-Ville écroulé. Sainte-
« Geneviève laisse toujours apercevoir de tous les points
« sa coupole hardie... et les troupes sont arrivées à
« temps pour éteindre les mèches allumées déjà, qui
« allaient amener l'explosion. Partout le fer et le feu se
« sont arrêtés aux églises. La mort du Pasteur et de ses
« illustres compagnons les a sauvées de la ruine... Les
« dates mêmes ont leur éloquente précision. Le jour où
« le décret qui ordonnait les prières était promulgué,
« nos troupes, devançant l'heure fixée par les calculs de
« leurs généraux, entraient dans Paris, et c'est cette
« heureuse avance, contraire à toutes les prévisions, qui
« a sauvé Paris d'une ruine inévitable. Le jour de la

« Pentecôte, où les prières avaient lieu, la Commune
« rendait le dernier soupir. La Providence a donc
« pris soin de montrer son intervention en caractères
« assez lumineux pour que les moins clairvoyants puis-
« sent les comprendre [1]. » — « *Pourtant tes justes ne
« périront pas, Dieu les a écoutés !* »

Comment le voyant d'Orval, s'il n'a pas eu l'esprit des prophètes, a-t-il pu, à 32 ans de distance au moins, deviner cela ?...

« *La place du crime a été purgée par le feu ; le grand
« ruisseau a conduit toutes rouges de sang ses eaux à la
« mer.* »

— La place de la Concorde, « *la place du crime* », où fut guillotiné Louis XVI, a été labourée, bouleversée par les obus et les boulets.

« Dans la journée d'hier (23 mai), les batteries établies
« par les fédérés sur la terrasse des Tuileries pour dé-
« fendre *la place de la Concorde* tiraient vigoureusement
« et rendaient les Champs-Elysées intenables pour nos
« troupes [2]. »

« A l'intérieur, une des barricades qu'il a été le plus
« difficile d'emporter est celle de la rue Royale, forte-
« ment armée de canons qui tiraient à pleine volée sur
« *la place de la Concorde.*

« *Sur la place de la Concorde*, l'obélisque est encore
« debout ; mais les balustrades de pierre, les candélabres
« de bronze, plusieurs statues des villes de France et
« l'une des deux grandes fontaines, sont fort endom-
« magées.

---

1. *Monde*, éd. semi-quot., 8 juin 1871.
2. *Courrier de la Vienne*, 26 mai 1871.

— Le feu a entouré la place de la Concorde presque de tous côtés. « A six heures du matin, *tout était en feu* « sur les deux rives de la Seine, depuis *la place de la* « *Concorde* jusqu'à l'Hôtel-de-Ville.

« *Le gros de l'incendie* sur la rive droite s'étend depuis « *la place de la Concorde* jusqu'aux Tuileries [1]. »

— La Seine a été rougie par le sang.

« Sur les ruines de nos palais et de nos monuments, « viennent s'accumuler des ruines nouvelles, pendant « que le canon tonne, que la fusillade pétille, que les « rues, que les maisons sont jonchées de cadavres, *et* « *que des ruisseaux de sang vont rougir les eaux de la* « *Seine* [2]. »

« Les *ruisseaux de sang* sont taris ; le merveilleux « drainage de M. Haussman les a écoulés par des canaux « secrets (à la Seine) [3]. »

— On objecte que la prophétie n'est pas accomplie littéralement ; que « *le feu n'a pas égalé à la terre* » Paris en son entier.

Quelques citations de journaux seront notre première réponse. Les témoins oculaires disent que les feuilles publiques n'ont rien exagéré.

« Les terribles prédictions qui menaçaient Paris de « destruction sont en train de s'accomplir. La moderne « Babylone, comme l'appelait un de ses députés, « M. Pelletan, périt par le feu. Le feu sort de partout. « Des mains invisibles promènent à travers les rues des « torches incendiaires ; des fusées lancées par les forts

---

1. *Univers*, 27 mai 1871.
2. *Courrier de la Vienne*, 27 mai 1871.
3. *Monde*, édit. semi-quot., 8 juin 1871.

« allument à chaque instant de nouveaux foyers ; des
« pompes à pétrole les alimentent, des matières explosi-
« bles enfouies dans les caves rendent le sauvetage
« impossible. » (*Monde*, édition semi-quotidienne, 26
mai 1871.)

« Les incendies ont été allumés par les insurgés à
« l'aide du pétrole : l'atmosphère de Paris est tout entière
« imprégnée de cette odeur. » (*Courrier de la Vienne*,
25 mai.) (*Quel feu va avec ses flèches ?*)

« Dans certaines rues c'étaient des femmes et des en-
« fants qui versaient le pétrole à pleins seaux dans les
« caves. » (*Courrier de la Vienne*, 27 mai.)

« Les femmes jettent par les fenêtres du pétrole et des
« étoupes en flammes. » (*Monde*, 27 mai.)

« La catastrophe est immense, la moitié de Paris
« brûle. » (*Univers*, 27 mai.)

« Nous assistons terrifiés à la fin d'une ville, presque
« à l'écroulement d'un monde. Paris tombe pièce à pièce,
« monument par monument, incendié par la plus infer-
« nale bande qui ait laissé sa trace sanglante dans l'his-
« toire. Le pétrole qui dévore, la mine qui éclate, le
« boulet qui troue et renverse, l'obus qui émiette et
« déchire, tout est bon à ces hommes de destruction, à
« ces fils parricides. « Paris, ville libre ! » criaient ces
« malfaiteurs de la plume, au début de l'insurrection. Ils
« peuvent crier aujourd'hui : « Paris, ville morte » !
« Maintenant c'est bien fini. On aura beau laver *les*
« *ruisseaux rougis de sang*, déblayer les décombres,
« relever les monuments, Paris a cessé moralement
« d'être la capitale de la France... Elle est condamnée à
« la déchéance. C'est la honte au front que nous voyons
« se justifier la phrase de M. de Bismark, comptant sur

« la populace de Paris pour écraser, déshonorer, anéantir
« Paris. Aujourd'hui, c'est fait ! » (Hector Pessard. *Soir*:
Univers, 27 mai.)

« Nous traitions de visionnaires ceux qui prétendaient
« voir s'amonceler au-dessus de Paris le nuage sombre
« de la vengeance divine.

« Hélas ! l'heure est venue ; le châtiment a encore
« dépassé en horreur tout ce que les imaginations avaient
« pu rêver ; et par une ignominie de plus, ce ne sont pas
« des ennemis enivrés par la victoire, ce sont des Fran-
« çais qui auront accumulé ces désastres. » (*Temps, Univ.*,
27 mai.)

« C'en est fait de Paris ! de ce Paris que nous avons
« tant aimé !

« Pourvu que ce ne soit pas le dernier jour de la
« France ! Qui sait si ce n'est pas là le commencement
« d'une immense jacquerie ! Oh ! que l'avenir est triste ! »
(Francisque Sarcey, *Courrier de la Vienne*, 31 mai ;
Univers, 27 mai.)

« On commence à pouvoir visiter les ruines amoncelées
« au centre de Paris. Le désastre apparaît dans toute son
« horreur. Des amas de décombres fumantes emplissent
« les rues... Paris n'est plus. La superbe ville s'est
« abîmée en elle-même. La plupart des monuments que
« le feu n'a point détruits portent des traces irréparables
« du canon. De l'Arc-de-Triomphe à Notre-Dame, ce
« n'est qu'un immense dégât. » (*Univers*, 28 mai.)

« Paris n'est plus, en certains endroits, qu'un immense
« monceau de cendres. » (*Monde*, 27 mai.)

Les listes officielles publiées par les journaux donnent,
comme résultat de l'incendie de Paris par les communeux, trente palais et monuments, et deux cent cinq hôtels

et maisons particulières complétement brûlés et détruits ; quarante-quatre monuments et sept cent soixante-sept hôtels et maisons particulières, endommagés par les projectiles ou par un commencement d'incendie : total : 1046 (mille quarante-six) constructions atteintes par le feu !

En second lieu, nous répondons avec Bossuet que « Babylone elle-même, qui a été choisie par le Saint-« Esprit pour nous représenter la chute de Rome païenne » « (la chute successive de toutes les Babylones), » n'a pas « d'abord subi cette destruction complète. Après sa prise « et son pillage par Cyrus, on la voit encore subsister « jusqu'aux temps d'Alexandre. Mais quelle différence « avec ce qu'elle avait été auparavant ! Il en a été ainsi « de Rome, ravagée par Alaric ; elle ne périt pas tout « entière ; mais cependant quel sort déplorable, quelle « chute ! Saint Jérôme nous la représente comme devenue « le sépulcre de ses enfants. »

Paris, d'après cette explication, aurait reçu dans cet incendie le coup mortel, et, comme Babylone et Rome ancienne, serait destiné à périr peu à peu. C'est la pensée exprimée dans une des citations que nous avons faites plus haut. De sorte que, au bout d'un certain nombre d'années, il ne resterait plus rien, ou presque rien, « *de* « *la grande ville* » qui « *serait égalée à la terre* ». Le prophète aurait donc vu en même temps dans ce « *feu* » cause de la ruine, l'effet total qui ne doit être obtenu que plus tard.

On peut dire aussi que peut-être l'avenir, un avenir prochain, réserve un nouvel incendie général, ou plusieurs incendies, à la malheureuse ville, amenant une totale destruction.

D'autres prophéties, comme nous le verrons plus bas,

annoncent sa ruine *complète* et prochaine principalement par le feu. Et cette triple répétition de notre prophète : « Quel *feu* va avec ses flèches !... le *feu* t'a égalée à la terre... la place du crime est purgée par le *feu*... » ne cacherait-elle pas quelque mystère ? N'y aurait-il pas, dans cette expression trois fois répétée, l'annonce de trois incendies successifs : 1° les feux du bombardement et les incendies du premier siége par les Prussiens ; 2° les feux et les incendies du second siége par les Français de Versailles et de la Commune ; et, 3°, un dernier incendie total qui égalerait à la terre Paris entier, et purgerait complétement ce lieu d'iniquité, « celle *place* » forte « *du crime, par* « *le feu* » ?

L'endurcissement de Paris fait craindre que cette interprétation ne soit la véritable. Paris est impénitent ; Paris a repris sa vie impie et impure de Babylone, et les retards calculés de la miséricorde divine ne sont employés ; par cette coupable cité, qu'à se rendre plus coupable encore. J'ai remarqué que, depuis le mois d'août 1870, la Providence a procédé dans le châtiment par temps d'arrêt. Rappelez-vous la marche des événements. Il semblait que Dieu, après avoir frappé un coup sur la France, son enfant coupable, attendait un instant pour voir s'il manifesterait son repentir, demanderait pardon et se convertirait ; le repentir ne venant pas, le Seigneur a continué de frapper. Après un temps de repos plus long que les autres, parce qu'il y a eu enfin une prière officielle, ni Paris, ni la France ne se disposant à reconnaître la main de Dieu et à se convertir, la France et Paris seront de nouveau flagellés, et le châtiment ira jusqu'au bout.

Enfin, et c'est notre dernière réponse, on peut affirmer que la prophétie a été littéralement accomplie, car le

Paris qui avait « *nourri la colère de Dieu* », le Paris gouvernemental a été dans ses monuments « *égalé à la terre* ». Tous les palais dont les hôtes ont été plus ou moins révolutionnaires, plus ou moins hostiles à la religion et au Pape, sont entièrement détruits par le feu : « *l'Hôtel-*
« *de-Ville*, le palais où la Révolution a tant de fois pris
« naissance ; le *Palais royal*, qui depuis un siècle était
« l'asile le plus élevé des doctrines anti-catholiques » ;
les Tuileries, où la Révolution a souvent régné ouvertement, et d'où les ennemis de l'Eglise et du Saint-Siége ont reçu dans ces dernières années tant de secrets encouragements et d'avis perfides ; le *Conseil d'Etat*, où des légistes aux gages et aux ordres de la Révolution ont forgé et maintenu les liens d'une législation hypocrite, oppressive de la liberté de l'Eglise et de la dignité de ses ministres ; et bien d'autres : *Ministère des Finances, Palais de Justice, Préfecture de Police, Palais de la Légion d'Honneur, Cour des Comptes, Archives de la Cour des Comptes, Caisse des Dépôts et Consignations*, où vivaient, agissaient, commandaient, les patrons, les exécuteurs, les défenseurs des idées de la Révolution, des volontés des gouvernements persécuteurs du Catholicisme et de la Papauté. Ce Paris-là n'est plus qu'un « monceau de décombres fumantes », il est bien « *égalé*
« *à la terre* ». Le Seigneur n'a pas fait davantage contre Babylone, Jérusalem et Rome, au grand jour dès longtemps prédit de leur ruine.

Après ces explications et ces preuves, ne sommes-nous pas en droit de conclure que, pour une durée de près de 40 ans, tous les faits nombreux et importants prédits par la prophétie d'Orval se sont accomplis à la lettre ?

IV. Mais il y a plus : cette prophétie assigne des dates

à l'accomplissement de ces faits : or ces faits se sont réalisés juste à la date prophétisée.

Prouvons-le.

Trois fois dans cette durée, le prophète a daté ses prédictions :

1° « *Dieu veut éprouver le retour à lui par 18 fois 12 lunes.* » Date de la révolution de 1848, de la durée du règne de Louis-Philippe et de sa chute.

2° « *Il n'y a pas encore un nombre plein de lunes*, et « voici venir maints guerroyers. » Date de la guerre de Prusse, de la durée de la puissance de Louis-Napoléon et de sa chute.

3° « *Dix fois six lunes et puis encore* (ou *pas encore*) « *six fois dix lunes* ont nourri sa colère. » Date du châtiment de Paris et de la France.

Le prophète emploie comme base de sa chronologie la *lune*, c'est-à-dire la lunaison ou mois lunaire, période de temps comprenant 29 jours, 12 heures, 44 minutes, 2 secondes, 8 tierces. (*Voir* BOUILLET, *Dictionnaire univ. des sciences*, Paris, 1854, aux mots : *Année, Lune.*)

1° Dix-huit fois 12 lunes font 216 lunaisons ou mois lunaires. Or, entre la Révolution de 1830, exaltation de Louis-Philippe, et la Révolution de 1848, renversement du même prince, il y a en effet 216 mois lunaires renouvelés et achevés, ni plus ni moins. Le 31 juillet 1830, commence la puissance de Louis-Philippe, qui, nommé ce jour-là lieutenant-général du royaume, fait en cette qualité son entrée à Paris ; 18 *jours après*, le 19 août, commence la nouvelle lune, la première du calcul prophétique ; la deux cent-seizième finit le 5 février 1848, et 18 *jours après*, le 24 du même mois, Louis-Philippe se sauvait de Paris.

Vous vérifierez facilement ce calcul au moyen de l'*Art de vérifier les dates* (éd. Migne), en employant la table chronologique et le calendrier lunaire perpétuel.

2° En 1848, comme en 1840, il était difficile d'expliquer ce que voulait dire cette expression : il n'y a pas encore *un nombre plein de lunes*. Les événements ont éclairci et vérifié la date prophétique. En chronologie lunaire, « *le nombre plein de lunes* », c'est le cycle lunaire, ou nombre d'or, ou cycle de 19 ans, si connu des anciens et employé dans le comput ecclésiastique. C'est une période de 19 années qui comprend deux cent trente-cinq (235) lunaisons ou mois lunaires, à l'expiration desquels les nouvelles et les pleines lunes arrivent aux mêmes époques, parce que le soleil et la lune sont de nouveau, par rapport à la terre, dans les mêmes points du ciel que 19 ans auparavant. (V. *Art de vérifier les dates*. — BOUILLET, *Dict. des sciences*.)

C'est un cercle de lunaisons « *plein* », parfait.

Or, pour notre prophétie, ce cycle a commencé le même jour que la puissance de Louis-Napoléon, le 2 décembre 1851, quand il a « *dévoré* » la République. Ce jour-là l'Empire était fait, comme l'avait dit M. Thiers, dix mois auparavant. Le cycle devait être terminé et complet, 19 ans après, le 2 décembre 1870. Mais le prophète avait dit que le cycle, « *le nombre de lunes* » ne serait « *pas encore plein* » quand « *viendront maints « guerroyers* ». Or ils sont venus, ces innombrables guerriers, à partir du 7 août 1870. Après les sanglantes batailles du 5 et du 6 août, les Prussiens ont mis le pied en France, et jusqu'au 26 du même mois, jour de la nouvelle lune, ils avaient fait bien du chemin sur la route de Paris. A cette date du 26, il n'y avait pas encore le nombre plein de 235 lunaisons : il en manquait *trois*, septembre, octobre et novembre.

Vous pouvez vérifier ce calcul de la même manière que le précédent.

3° « *Dix fois six lunes et puis encore* ou *pas encore six fois dix lunes ont nourri sa colère* », c'est-à-dire 120 lunes, ou bien, pas encore 120 lunes.

Le jour où le châtiment par le feu a commencé pour Paris, c'est le 5 janvier 1871, premier jour du bombardement de l'intérieur de Paris. En remontant en arrière de 120 lunes, on arrive au fait qui a causé « *la colère de Dieu* », parce qu'il a résumé et sanctionné toutes les iniquités précédentes, approuvé et préparé toutes celles qui devaient suivre : le 29 mars 1861, le parlement italien de Turin décréta et proclama *Rome, capitale de l'Italie*. Entre ces deux faits, proclamation de Rome comme capitale de l'Italie, et le premier coup de canon du bombardement de la « *grande ville* », il y a juste, ni une de plus, ni une de moins, 120 lunaisons achevées et renouvelées. 13 jours après cette proclamation, le 11 avril 1861, jour de la nouvelle lune, commence la première lune du calcul prophétique; le 22 décembre 1870, un peu avant minuit, finit la 120°, et 13 jours après, le 5 janvier 1871, le *feu* de la *colère* de Dieu tombe sur Paris.

Si vous objectez que la variante « *pas encore* 120 *lunes* » est peut-être le vrai texte, je répondrai que cette variante donne une seconde date des événements qui ne nuit point à la première, qui est aussi précise et bien plus caractéristique.

« Pas encore 120 lunes » nous reportent en *septembre* 1870; et de même que, dans une des dates précédentes, *pas encore* signifie 3 *lunaisons de moins*, à savoir, la lunaison d'octobre, qui part du 27 septembre, jour de nouvelle lune, celle de novembre et celle de décembre, la 120°, qui finit le 22 de ce dernier mois.

Oui, ce doit être la leçon véritable, car cette date de *septembre* a une étonnante signification.

Les faits « *qui ont nourri la colère de Dieu* » durant « *pas encore 120 lunes* », sont sans conteste les spoliations sacrilèges opérées en Italie par le Piémont au détriment du Souverain Pontife. Dans toutes ces iniquités le plus grand coupable n'a pas été précisément le Piémont, mais le gouvernement impérial. Pouvant tout empêcher d'un mot, Louis-Napoléon a tout favorisé, tout aidé, par ses armes d'abord, puis par ses finances, par sa politique, par ses influences, par ses hommes d'État, ses fonctionnaires et ses journaux, qui tous, sous ses ordres, ont travaillé à tromper et à corrompre l'opinion publique en France et en Europe. Gouvernement hypocrite, qui, trahissant la France et ses vrais sentiments, faussant sa politique séculaire de Fille aînée de l'Église, « ne se posa en défenseur exclusif et jaloux de la Papauté que pour mieux la livrer ». Aussi, quand viendra le moment des divines justices, il sera frappé le premier, et avant l'Italie et avant la France et avant sa capitale que l'esprit voltairien avait rendues ses complices. C'est en un mois de *septembre* que se sont exécutées, sur le commandement de l'empereur Louis-Napoléon, les principales et les plus criantes iniquités : c'est le 4 *septembre* qu'il a été dit : « Faites vite » ; c'est le 18 *septembre* que Castelfidardo vit la trahison de l'empereur et du Piémont écraser la petite armée du Pape ; c'est le 15 *septembre* que fut signée une convention dérisoire qui disposait, sans le Pape, d'une partie de ses États, sous prétexte de protéger le reste; c'est le 20 *septembre* que fut couronnée, par la prise de Rome, l'iniquité voulue et préparée par Louis-Napoléon et hâtée par la retraite de ses soldats du territoire pontifical, le 5 août précédent. Ce sera aussi en un mois de *septembre* que la « colère de Dieu », « nourrie » depuis « moins de 120 lunes » frappera ses principaux coups : ce sera le 4 *septembre* que tombera à Sédan, lâchement et plus honteusement que Philippe, ce gouvernement impérial hypocrite et corrupteur; ce sera le 4 *septembre*, à Paris, que sera proclamé ce nouveau pouvoir qui fera écraser et ruiner la France par le Prussien et la mettra à deux doigs de sa perte; ce sera le 18 *septembre* que commencera le châtiment de cette capitale. L'investissement et le siége prépareront et amèneront toutes les phases successives de la punition, le bombardement du 5 janvier et des jours suivants, l'armement des révolutionnaires, la Commune du 18 mars, les horreurs du second siége et les incendies des communeux [1].

Quelles étonnantes et terribles coïncidences ! Pouvons-nous maintenant refuser de croire à l'inspiration prophétique du moine d'Orval ?

LETTRE V.

NOTICES SUR QUELQUES AUTRES PROPHÉTIES MODERNES.

Après la prophétie d'Orval, un assez grand nombre d'autres prophéties modernes me paraissent mériter con-

---

1. Il est difficile de ne pas penser en même temps au 19 *septembre* 1846, apparition de la sainte Vierge à la Salette, à ses avertissements et à ses pleurs : septembre, mois des menaces, mois des iniquités, mois des punitions !

fiance. Si vous voulez les connaître sans recourir aux ouvrages spéciaux et sans prendre trop de peine, ayez la patience de lire cette lettre jusqu'au bout.

Dans une courte notice je fais passer sous vos yeux les divers titres de crédibilité de chacune de ces prophéties. Je les dispose, non pas dans l'ordre de leur date véritable, difficile à fixer pour plusieurs d'entre elles, mais selon la date de leur première publication par l'imprimerie qui détermine suffisamment à notre point de vue leur authenticité.

En marge, nous indiquons cette date de l'impression ; après le titre, entre parenthèses, le siècle dans lequel la prophétie a été faite, avec la date certaine quand nous la connaissons.

1° *Prophétie de saint Rémy.* (6e siècle).

1473. Cette célèbre prophétie sur les destinées de la France et de ses Rois, fut faite à Clovis, la veille de son baptême, par le saint archevêque de Reims. Elle est devenue traditionnelle, tant en Orient qu'en Occident. Les docteurs et les écrivains ecclésiastiques y ont fait allusion ou l'ont rapportée à l'envi : Agathias le Scolastique, historien grec, dès le 6e siècle ; Bède le Vénérable, au 7e ; Raban Maur, au 9e ; le moine Adson et le chroniqueur Aimoin, au 10e ; Godefroi de Viterbe, au 12e ; Vincent de Beauvais, au 13e ; Gerson, au 14e ; Chalcondyle, historien byzantin, au 15e ; et Baronius, au 16.

Cette prophétie a été imprimée pour la première fois, je pense, dans les œuvres de Vincent de Beauvais, *Speculum historiale*, 1re édition, 1473, à Strasbourg ; puis dans celles de Gerson, *Panégyrique de saint Louis*, 1488, et dans les œuvres de saint Augustin, 1574 (lib. *de Antichristo*, attribué à Alcuin).

L'histoire de tous les siècles constate la réalisation de cette prophétie [1] ; « Il n'y a qu'à ouvrir l'histoire de
« France pour s'en convaincre, on dirait que cette pro-
« phétie en est le programme ; tous les grands événe-
« ments roulent toujours sur ce pivot, et ce que le monde
« étonné voyait du temps de Clovis, de Charlemagne,
« de saint Louis, le monde étonné le voit, le constate
« encore, de telle sorte que le plus grand publiciste de
« notre siècle, de Maistre, a pu écrire ces belles paroles :
« Il n'y a qu'à ouvrir l'histoire pour voir que le *châti-*
« *ment* envoyé à la France, quand elle est coupable
« contre Dieu ou l'Eglise, sort de toutes les règles ordi-
« naires, et que la *protection* accordée à la France en
« sort aussi : ces deux prodiges réunis se multiplient l'un
« par l'autre et présentent un des spectacles les plus
« étonnants que l'œil humain ait jamais contemplés. »
(Voir 3ᵉ partie, nᵒ 163 *.)

2º *Prophétie de l'abbé Joachim.* (11ᵉ siècle.)

1522. L'abbé Joachim, d'abord page de Roger, roi de Sicile, se fit moine dans le monastère de Corazzo, de l'Ordre de Citeaux. Il en fut élu prieur, puis abbé. Sur l'ordre du Pape Luce III, il consacra plusieurs années à étudier et à commenter l'Ecriture Sainte. — « On a de
« lui, dit Feller dans sa Biographie universelle, des *Pro-*

---

1. *Le grand Pape et le grand Roi*, p. 45 et 46. Toulouse, 1871.

* Les nᵒˢ placés après chaque notice renvoient au texte de la prophétie, dans la troisième partie, et donnent la facilité de la reconstituer en son entier.

« *phéties* qui ont fait autrefois beaucoup de bruit et que
« Dom Gervaise, dans l'*Histoire de l'abbé Joachim* (1745,
« 2 vol. in-12), prétend avoir été accomplies. » L'abbé
Joachim est mort en 1202, à 72 ans. (127.)

3° *Prophétie dite de saint Thomas.* (13ᵉ siècle.)

1522. L'auteur de cette prophétie est inconnu. Elle a
été extraite d'un livre fort ancien à l'usage du saint docteur : d'où lui est venu son nom. Elle est remarquable en
ce qu'elle s'accorde avec trois autres prophéties de dates
et de provenances différentes, et sur les faits qu'elle
annonce et sur le genre d'expressions figurées qu'elle
emploie. (108-129.)

4° *Prophétie dite du Roi des lys.* (13ᵉ siècle.)

1522. Cette prophétie est attribuée à saint Thomas par
le *Mirabilis liber* qui la met à la suite de la précédente.
Mais il suffit de lire l'une et l'autre pour voir au style
qu'elles ne sont pas du même auteur. Afin de les distinguer, nous lui donnons ce titre, faute d'un autre. Dans
son *Commentaire sur l'Apocalype* (Heidelberg 1618 et
Francfort 1647), David Pareus l'a reproduite. A l'exception de quelques mots, c'est le même texte. (128.)

5° *Prophétie de Jean de Vatiguerro, dite de saint Césaire
d'Arles.* (13ᵉ siècle.)

1522. Jean de Vatiguerro vivait au 13ᵉ siècle. Comme
il le dit lui-même, il n'est pas un prophète, mais un
compilateur de nombreuses prophéties qu'il a fondues

dans un même texte. Un certain nombre de faits prédits se sont accomplis, plusieurs autres ne se sont point réalisées. Les dates données par Jean de Vatiguerro, en les prenant selon l'ère vulgaire, ne concordent point avec les événements. Elles s'en rapprochent plus d'après l'ère de Dioclétien ou des martyrs, et encore davantage en suivant l'ère des Séleucides ou d'Alexandrie. Il faudrait donc ajouter aux chiffres donnés soit 285, soit 312 ans. Du reste, Vatiguerro n'a voulu assigner que des dates approximatives puisqu'il accompagne souvent l'indication des années par ces mots : « un peu avant ou un peu « après... une année déterminera l'autre. » (26. 29. 45. 52. 67. 77. 87. 99. 130.)

Les prophéties des n°s 2, 3, 4 et 5 ont été extraites du vieil ouvrage intitulé : *Mirabilis liber qui prophetias revelationesque, necnon res mirandas, præteritas, præsentes ac futuras aperte demonstrat*, imprimé à Paris en 1522 et 1524, traduit sur l'édition de 1524 et publié à Paris, en 1831, par le libraire Edouard Bricon, sous ce titre : *Le livre admirable renfermant des prophéties, des révélations*, etc.

6° *Prophétie de Théolosphore.* (14e siècle.)

1527. Théolosphore était un pieux ermite qui vivait vers l'an 1386. Imitateur de Jean de Vatiguerro, il collationnait les différentes prophéties qui avaient crédit à son époque. Son travail a été imprimé à Venise en 1527, sous ce titre : *De magnis tribulationibus et statu Ecclesiæ*. Nous empruntons la traduction du fragment prophétique que nous donnons, tiré du livre de Théolosphore, à une série d'articles fort intéressants publiés dans le *Monde*, aux mois de septembre et d'octobre 1868, sous ce titre : *Lettre d'un Ermite*, par M. J.-E. de Camille. (134.)

7° *Prophéties Orientales.*

1548-52-1861. Ces très-antiques prophéties ont été imprimées, les unes en 1548, *Prophéties des Mahométans*, par Domenechi, Florence ; les autres en 1552, *Prognosticon D. M. A. Torquati*, Anvers, etc.; d'autres en 1821 et 1861 dans plusieurs journaux, le *Journal d'Anvers*, le *Constitutionnel*, etc. (141.)

8° *Prophétie sur la succession des Papes.* (12ᵉ s.)

1595. Cette prophétie, attribuée à saint Malachie, évêque d'Armagh, en Irlande, a été imprimée pour la première fois, à Venise, en 1595, dans le *Lignum vitæ* du bénédictin Arnold Wion, du Mont-Cassin.

Quelle que soit l'opinion que l'on adopte sur son auteur, elle possède toute l'authenticité désirable depuis cette époque.

Dans cette prophétie, chacun des Papes qui doivent se succéder jusqu'à la fin du monde est désigné par quelques mots, en forme d'épigraphe, qui indique soit la famille, les armes, le lieu de naissance du Pontife, soit quelqu'une de ses qualités physiques ou morales, soit le trait saillant de sa vie ou quelque grand événement qui aura lieu sous son règne.

L'épigraphe de certains Papes du passé est appliquée avec tant de clarté et de justesse que les prédictions de saint Malachie jouissent depuis longtemps d'une réputation méritée.

L'épigraphe bien connue de Pie IX est :

Crux de Cruce.
Croix de Croix.

Celle de ses trois premiers successeurs est :

Lumen in cœlo. — Ignis ardens. — Religio depopulata.
Lumière dans le ciel.— Feu ardent. — Religion dépeuplée.

9° *Prophétie de l'abbé Werdin.* (13ᵉ siècle.)

1600. L'abbé Werdin, ou Ubertin, vivait au treizième siècle, à Otrante, en Calabre. Sa prophétie a été imprimée en 1600, sous le titre de *Vaticinium memorabile*, dans un recueil en 2 vol. in-fol., t. II, p. 1007. — J. B. Rocoles (*Introduction générale à l'histoire*, 2 vol. in-12, Paris, 1672) en cite un passage. Cette prophétie reproduit presque mot pour mot une portion de celle de l'abbé Joachim. (131.)

10° *Prophétie de saint François de Paule.* (15ᵉ s.)

1639. Saint François de Paule, fondateur de l'Ordre des Minimes, né à Paule, petite ville du royaume de Naples, en 1416, mourut en France en 1507, et fut canonisé par Léon X en 1519.

Cornelius a Lapide parle dans ses *Commentaires* (*Apocalypse*, ch. XVII. Paris, 1639), des sept lettres prophétiques de ce Saint et en fait l'analyse. Il croit qu'elles ont été réellement adressées et transmises à Simon de Limena, abbé de Montault ou Montalto, de l'Ordre des Minimes. D'autres pensent que ce nom n'est qu'un pseudonyme, et que ces lettres ont été adressées à un héritier de la couronne de France, contemporain de Louis XI, et peut-être à Louis XI lui-même. Nous avons pris les extraits et la traduction que nous donnons de ces lettres écrites en latin, dans les articles de M. J.-E. de Camille, cités plus haut. (136.)

11° *Prophétie du Vénérable Barthélemi Holzhauser.* (17ᵉ siècle, de 1642 à 1654).

1660. Barthélemi Holzhauser, né en Souabe (Allemagne), en 1613, dans un humble village situé à quelques lieues d'Augsbourg, fut favorisé de révélations célestes dès ses premières années. Il entra dans l'état ecclésiastique, et, avec le plus grand zèle, il s'appliqua, comme faisait à la même époque en France le pieux M. Olier, à la réforme du clergé par la fondation d'une communauté de prêtres et la direction des séminaires. Ses prédictions sur l'Angleterre et sur l'Allemagne, accomplies admirablement et aux dates annoncées, prouvent qu'il avait reçu de Dieu à un degré éminent le don de prophétie [1]. Il mourut en odeur de sainteté, dans la 45ᵉ année de son âge, le 20 mai 1658, étant curé et doyen à Bingen-sur-le-Rhin, près de Mayence. Le Vénérable Holzhauser a laissé une interprétation de l'Apocalypse extrêmement remarquable et la meilleure peut-être qui ait jamais paru. Elle est écrite en latin, et fut imprimée, je crois, après sa mort, vers 1660. C'est au milieu des montagnes du Tyrol, séparé de tout commerce avec les hommes et livré aux exercices du jeûne et de la prière, que le serviteur de Dieu rédigea

---

1. Voir *Notice sur sa vie* au commencement de *l'Interprétation de l'Apocalypse par le vénérable serviteur de Dieu B. Holzhauser*, *ouvrage traduit du latin et continué par le chanoine de Wuilleret,* 3ᵉ *édit. 2 vol.* 1857. *Paris, Louis Vivès.*

son travail (de 1642 à 1654). Il s'arrêta au verset 5ᵉ du 15ᵉ chapitre. Il parle avec l'assurance de l'interprète inspiré, avec l'autorité du prophète. On ne saurait nier qu'il n'ait été assisté des lumières divines. Il l'avoua lui-même, car ses prêtres lui ayant demandé pourquoi il n'interprétait pas l'Apocalypse jusqu'à la fin, il répondit : « *Je ne me sens plus inspiré* et je ne peux plus continuer ; un autre s'occupera plus tard de mon ouvrage et le couronnera. »

Dans son interprétation Holzhauser divise l'histoire de l'Église prédite par l'Apocalypse en sept âges figurés par les sept Églises d'Asie, les sept anges, les sept étoiles et les sept candélabres. Nous serions, d'après lui, vers la fin du 5ᵉ âge, « âge de défections, de punitions et d'afflic-« tions » (*purgativus*) qui commence à Léon X et Charles-Quint, et doit finir à l'avénement d'un pontife saint et d'un grand monarque. Le 6ᵉ âge, auquel nous touchons, âge de consolations et de triomphe (*consolativus*) sera court ; l'apparition de l'Antechrist le terminera. (40. 68. 78. 140 [1].)

12° *Prophétie Augustinienne*. (17ᵉ siècle.)

1675. Cette prophétie, écrite en latin, a été extraite d'un ouvrage de la bibliothèque de Saint-Augustin, à Rome (d'où son nom d'Augustinienne), qui a pour titre : *De fructibus mysticæ navis, auctore Ridolpho Gethier, Augustæ* (Agosta en Sicile), 1675. La *Revue des Deux-Mondes* du 15 septembre 1855, p. 1314, et plusieurs autres feuilles publiques l'ont publiée. (69. 88. 100. 142.)

---

1. Nous ne donnons dans la 3ᵉ partie que les *Commentaires* dont le V. Holzhauser accompagne le texte sacré, que nous supprimons pour plus de brièveté.

13° *Prophéties Allemandes.* (17ᵉ siècle.)

1701. La plupart des prophéties allemandes ont été faites vers le 17ᵉ siècle. En 1701, à Cologne, les moines de Werl (Westphalie) ont publié les plus célèbres. De nos jours, vers le milieu du siècle, elles ont été réimprimées avec un grand nombre d'autres par les soins du curé de Dortmund (Westphalie-Prusse). La *Revue Britannique*, en mai 1850, les a analysées et reproduites dans les points principaux qui regardent notre époque. « Ce qui augmente l'intérêt de ces prédictions, dit cette revue, c'est qu'un certain nombre se sont déjà réalisées et accomplies pour ainsi dire à la lettre. » Nous unissons dans un même texte, sans changer les expressions, celles de ces prophéties qui annoncent les mêmes événements. (5. 17. 70. 79. 97. 158. 159. 162.)

14° *Prophétie du Frère Herrman.* (13ᵉ siècle.)

1722. Le Frère Herrman, Religieux du couvent de Lehnin, situé dans le Brandebourg, vivait vers 1270, et est mort en odeur de sainteté.

Ses prédictions, écrites en latin, comprennent cent hexamètres léonins (vers rimant au milieu et à la fin), et concernent principalement l'avenir de son couvent et du monastère de Chorin, situé dans une autre province du même pays. Le cénobite prophétise en même temps, en abrégé, l'histoire future de la maison de Hohenzolhern, c'est-à-dire des rois de Prusse. Les événements qui regardent ce royaume et qui précèdent l'époque actuelle se sont accomplis d'une manière frappante.

Cette prophétie fut imprimée pour la première fois en Allemagne, en 1722, dans un recueil périodique intitulé *La Prusse savante*, et en France, en 1827, par Adrien Leclerc, dont nous empruntons la traduction. (160.)

15° *Prophétie de la Sœur Nativité.* (18° siècle. 1791-92.)

1818. Cette pieuse fille était Sœur converse chez les Urbanistes de Fougères (Ille-et-Vilaine). Elle ne savait pas écrire. Son confesseur rédigea ses révélations sous sa dictée en 1791 et 1792. Les passages que nous donnons sont tirés de l'ouvrage intitulé : *Extrait d'un livre admirable qui sera le trésor des fidèles dans les derniers âges*, Augsbourg, 1818. Voir aussi le *Nouveau Recueil des Prédictions* du libraire Ed. Bricon, Paris, 1830. (34. 144.)

16° *Prophétie de Philippe Olivarius.* (16° siècle. 1542.)

1820-27. La prophétie de Philippe-Dieudonné Noël Olivarius est tirée d'un manuscrit de 1542. Elle a été publiée dans les *Mémoires de l'Impératrice Joséphine*, par Mlle Lenormand, 1820 et 1827, tome II, page 470. (28. 54. 138.)

17° *Prophétie d'une ancienne Religieuse Trappistine.*
(18° siècle. 1816-20.)

1829. Cette ancienne Religieuse, chassée de sa communauté par la grande Révolution, est morte en 1828, en odeur de sainteté, chez les Trappistines de Notre-Dame des Gardes, près Chemillé, au diocèse d'Angers. Elle a fait, sur plusieurs événements généraux et particuliers, des prédictions qui se sont réalisées de point en point.

C'est vers la fin d'octobre 1816 et le 6 janvier 1820 qu'elle a eu les visions prophétiques citées dans notre 3ᵉ partie et qui ont été publiées pour la première fois dans l'ouvrage intitulé : *Tableau des trois époques, ou les philosophes avant, pendant et après la Révolution*, par M. l'abbé Théard, chanoine de Nantes, Paris, 1829 ; puis dans le *Nouveau recueil de prédictions*, du libraire Edouard Bricon, Paris, 1830. (3. 18. 37. 61. 81. 119. 126. 149.)

18° *Prophétie de Jérôme Botin.* (15ᵉ siècle. 1410.)

1830. Jérôme Botin, moine bénédictin de l'abbaye de Saint-Germain-des-Prés, à Paris, est mort en 1420. Le nécrologe de l'abbaye porte : « Le 10 juillet 1420 « mourut Jérôme Botin, de Cahors, âgé de 62 ans, « homme recommandable par sa science, sa piété et sa « sainteté. » Sa prophétie a été imprimée pour la première fois en 1830, par Ed. Bricon, dans son recueil, puis en 1832, par Demonville : *Exposé des différentes prédictions sur l'avénement du Pontife saint et du Monarque fort*. Paris. (53. 135.)

19° *Prophétie d'une Religieuse de Belley.*
(19ᵉ siècle. 1810.)

1832. Nous n'avons entre les mains aucun document sur la vie de cette Religieuse. Les fragments de ses prédictions que nous donnons dans notre troisième partie ont été publiés pour la première fois par Demonville, dans l'ouvrage cité plus haut, en 1832. (4. 20. 30. 58. 71. 146.)

20° *Prophétie d'une Religieuse de* ***.
(19ᵉ siècle. 1816-25-30.)

1832. Cette Religieuse nous est aussi inconnue que la précédente.

Nous acceptons ces deux prophéties en raison de leur accord avec un grand nombre d'autres et à cause de la date déjà ancienne de leur première publication. Celle-ci a été extraite de divers fragments d'un manuscrit imprimé pour la première fois en 1832 par Demonville, même ouvrage. (2. 15. 96. 151.)

21° *Prophétie d'Orval.* (16ᵉ siècle. 1544.)

1839. Nous avons dit ce que nous pensions de cette célèbre prophétie. Elle a été imprimée pour la première fois à notre époque, en 1839, dans plusieurs journaux, en particulier dans le *Journal des Villes et Campagnes*, n° du 20 juin, et en 1840, dans trois ou quatre opuscules, notamment dans le livre que nous avons cité : *La fin des temps*; dans l'*Oracle*, par M. Dujardin; dans *Nostradamus*, par M. Bareste, etc. On n'a pas encore pu retrouver un seul exemplaire de l'édition de 1544. (55. 139.)

22° *Prophétie d'un Moine de Padoue.* (16ᵉ siècle.)

1840. Un Français attaché au prince Eugène de Beauharnais a pris copie de cette prophétie en 1809, dans une chronique du commencement du 16ᵉ siècle, conservée à la bibliothèque Ambroisienne de Milan. La

Gazette de France l'a publiée pour la première fois dans son n° du 19 juillet 1840. Nous ne donnerons que le fragment qui se rapporte à notre époque. (137.)

23° *Prophétie d'une Religieuse de Lyelbe.*
(19ᵉ siècle.)

1840. L'*Oracle*, imprimé en 1840, parle de cette Religieuse en ces termes : « Une fille de campagne, d'une « admirable vertu, étant devenue Religieuse au couvent « de Lyelbe, en 1823, fut favorisée de divines révéla- « tions ; elle recommandait toujours de prier pour la « France, rappelant Ninive et sa pénitence. » Les prédictions de cette sainte fille, depuis 1828 jusqu'à nos jours, se sont accomplies. Nous en donnons la suite. (44. 62. 75. 152.)

24° *Prophétie du Père Necktou.* (18ᵉ siècle. 1760.)

1849. Le Père Necktou, Jésuite, ancien recteur au collége de Poitiers, est mort à Bordeaux vers la fin du siècle dernier, en réputation de haute sainteté.

Etant à Poitiers, il ressuscita un enfant sur l'avenir duquel il fit plusieurs prédictions qui se sont parfaitement réalisées. Cet enfant est devenu Mgr d'Aviau de Sanzai, archevêque de Bordeaux. Dans sa *Vie de Mgr d'Aviau*, Mgr Lyonnet, archevêque d'Albi, parle de ces prédictions. C'est vers 1760, d'après le témoignage des personnes les plus dignes de foi, que le P. Necktou annonça la grande Révolution et ses horreurs, la Restauration, la Révolution de 1830 et tous les événements que nous rapportons dans notre troisième partie. Les prophéties du P. Necktou ont été publiées pour la première fois dans le *Livre de toutes les prophéties et prédictions*, quatrième édition, Paris-Lyon, 1849. (6. 33. 42. 51. 56. 80. 95. 109. 111. 125.)

25° *Prophéties de la Vénérable Anna-Maria Taïgi.*
(19ᵉ siècle.)

1851. Anna-Maria est morte à Rome, en 1837, laissant la renommée d'une très-grande sainteté. La cause de sa béatification a été introduite le 8 janvier 1863. Un grand nombre des prédictions de cette célèbre voyante se sont accomplies. (Voir les ouvrages publiés sur Anna-Maria Taïgi, en 1851, par Mgr Luquet, évêque d'Hésébon; en 1865, par M. l'abbé Ricard; en 1866, par le R. P. Bouffier, S. J. etc...)

Nous devons faire remarquer que les prédictions authentiques de la Vénérable Anna-Maria sur notre époque, consignées au procès de béatification, sont gardées sous le plus rigoureux secret : ce qu'en rapportent ses biographes n'a donc été connu que par tradition orale, par les quelques communications qu'ont faites ses confesseurs. Nous ne pouvons donc pas garantir la parfaite authenticité des fragments que nous citons d'après ces écrivains. (48. 94. 104. 150.)

26° *Prophétie Émilienne.*

1859. Parmi les prophéties et traditions italiennes, on distingue entre toutes la prophétie Émilienne qui fut trouvée dans les catacombes de Rome. (Voir le recueil publié en 1859, et la brochure *Le grand Pape et le grand Roi*, 1871. (103. 107. 133.)

27° *Prophétie Placentienne.*

1862. Cette prophétie est ainsi désignée parce qu'elle est tirée d'un vieux manuscrit de la bibliothèque de Plaisance (Placentia) en Italie. Elle est en vers hexamètres latins. Elle a été publiée en 1862 dans l'ouvrage l'ouvrage italien intitulé *Qual sarà l'avvenire dell' humanità*, 3ᵉ ediz. Torino, et en 1866, dans l'ouvrage de M. l'abbé G. Rougeyron, *Les derniers temps*, Paris, page 391. Nous empruntons sa traduction. (106. 121. 132.)

28° *Prophétie de Marie Lataste.*
(19ᵉ siècle, 1842-43-44.)

1863. Marie Lataste, Sœur converse au Sacré-Cœur, a écrit, par ordre de son directeur, ce que le Seigneur lui révélait. Née à Mimbaste (dép. des Landes) en 1822, elle est morte en odeur de sainteté à Rennes, en 1847. Après avoir soigneusement examiné les manuscrits de Marie Lataste, Mgr l'évêque d'Aire en a autorisé l'impression en 1863. Plusieurs prédictions faites par cette pieuse Religieuse, et notamment sa très-remarquable prophétie sur la définition du dogme de l'Immaculée-Conception faite en 1842, se sont accomplies à la lettre. (1. 9. 10. 47. 63. 85. 92. 155.)

29° *Prophétie de Prémol.* (18ᵉ siècle.)

1868. Cette prophétie a pour auteur un ancien aumônier des Religieuses Chartreuses de l'antique abbaye de Prémol, près de Grenoble, qui l'aurait écrite quelque temps avant 1789. Le manuscrit, oublié dans les vieux papiers d'un notaire, homme d'affaires du couvent, fut retrouvé en 1833 et copié en 1850. La prophétie a été imprimée pour la première fois en 1868 dans la *Semaine religieuse* de Lyon, et en 1870, dans l'*Avenir dévoilé* [1].

Elle commence à la grande Révolution de 1789 et se termine à la contre-révolution qui se fera par le grand Monarque et le Pape saint. Elle comprend donc toute la période révolutionnaire, du commencement à la fin. Ecrite dans un style apocalyptique, cette prophétie offre de sérieuses difficultés d'interprétation dans bien des passages ; mais elle est fort claire dans la prédiction des malheurs qui nous menacent et dans l'annonce de la venue prochaine du grand Pape et du grand Roi. (21. 46. 57. 72. 89. 90. 98. 105. 110. 143. 161.)

30° *Prophétie de Blois.* (19ᵉ siècle. 1804.)

1870. La Sœur Marianne, tourière chez les Ursulines de Blois, a fait, au mois d'août 1804, les célèbres prédictions connues sous le nom de *Prophétie de Blois*. Cette pieuse Religieuse se mourait, à l'âge de cinquante cinq ans, après avoir passé sa vie au service de la communauté dans la pratique des plus solides vertus. Quelques jours avant sa mort, le Seigneur lui découvrit plusieurs événements importants sur l'avenir et de son couvent et de la France. C'est à Mlle de Leyrette, sa garde-malade, alors postulante, Religieuse plus tard sous le nom de Mère Providence, que la Sœur Marianne confia ses révélations. Ne prévoyant point le retentissement qu'elles auraient un jour, elle avait défendu à Mlle de

---

1. Par Victor C*** de Stenay, Paris-Vendôme, 1870.

Leyrette de les mettre par écrit. La Mère Providence se conforma à cet ordre, et les nombreuses copies des prédictions de Sœur Marianne ont été rédigées d'après les conversations de la Mère Providence. M. l'abbé Richaudeau, aumônier des Ursulines de Blois, a mis hors de doute l'authenticité et le texte de cette fameuse prophétie [1].

Un bon nombre des événements prédits par l'humble tourière se sont accomplis littéralement. Les faits à venir qu'elle annonce concordent admirablement avec toutes les autres prophéties. (7. 24. 27. 31. 36. 73. 84. 118. 145.)

31° *Prophétie de Grenoble.* (19ᵉ siècle. 1853.)

1870. Cette prophétie date de la fin du mois de juin 1853. Elle a été faite par Notre-Seigneur à une sainte âme de Grenoble comblée de grâces extraordinaires. L'auteur de l'*Avenir dévoilé* l'a publiée en 1870. (65. 83.)

32° *Prophétie de l'abbé Souffrant.* (19 siècle. 1817).

1870. L'abbé Souffrant, curé de Maumusson, près d'Ancenis, au diocèse de Nantes, est mort en odeur de sainteté en 1825. Il avait prédit longtemps d'avance à ses amis, entre autres à MM. de Charette, les événements arrivés en 1814 et en 1815. On lui demanda, en 1817, ce qu'il voyait pour l'avenir. Il fit alors les prédictions qui ont été

---

1. Le *Constitutionnel*, en août 1870, a imprimé pour la première fois la prophétie de Blois. Voir la brochure *la Prophétie de Blois avec éclaircissements*, par M. *l'abbé Richaudeau*, quatrième édition, *Tours, 1871.*

publiées pour la première fois en 1871, presque en même temps dans la précédente édition de ces *Lettres* et dans les *Voix prophétiques*[1]. Nous empruntons à ce recueil quelques détails particuliers de ces prédictions que nous ne connaissions point. (8. 12. 16. 19. 22. 25. 32. 38. 59. 112. 147.)

33° *Prophétie d'Anne-Catherine Emmerich.*
(19ᵉ siècle. 1818-24.)

1871. Anne-Catherine Emmerich naquit le 8 septembre 1774, dans un hameau de la Westphalie. Presque dès le berceau elle fut prévenue de grâces extraordinaires. Dieu lui communiqua à un degré peu commun, même chez les âmes les plus privilégiées, le don de contemplation et d'extase. A l'âge de 28 ans, elle entra au couvent des Augustines de Dulmen, d'où elle fut obligée de sortir par suite des révolutions politiques qui supprimèrent violemment son couvent et d'autres maisons religieuses. Le 29 octobre 1812, Notre-Seigneur lui communiqua dans une extase les douloureux stigmates de sa Passion. Elle mourut le 9 février 1824.

La prophétie que nous citons est extraite des *Voix prophétiques*. (60.)

34° *Prophétie de la Vénérable Elisabeth Canori-Mora.*
(19ᵉ siècle. 1820.)

1871. Moins connue parmi nous que Anne-Catherine Emmerich et Anna-Maria Taïgi, Elisabeth Canori-Mora s'est sanctifiée comme celle-ci dans l'état du mariage. Elle est morte à Rome en odeur de sainteté, le 5 février

---

[1]. Par l'abbé J.-M. Curicque, Paris, 1871.

1825. Pendant sa vie elle fut favorisée d'apparitions nombreuses et de visions prophétiques. Celles que nous donnons, d'après l'ouvrage de M. l'abbé Curicque, sont tirées du procès de béatification et ont été écrites par la Vénérable Elisabeth sur l'ordre de son confesseur. (13. 49. 148.)

35° *Prophétie de la Mère du Bourg.* (19e siècle. 1830-48-57.)

1871. « La Mère du Bourg, fondatrice des Sœurs du
« Sauveur de Limoges, a été comblée, pendant sa vie, de
« grâces extraordinaires. On l'a vue souvent, pendant
« ses oraisons, soulevée de terre ; et les œuvres admira-
« bles qu'elle a accomplies témoignent des vertus de sa
« grande âme. » Elle a écrit de sa main et intitulé *Vues intérieures* les prophéties qui lui furent faites sur l'avenir de la France en 1830, 1848 et 1857. « Ayant demandé à
« Notre-Seigneur si elle devait manifester ce qu'elle avait
« vu et entendu, il lui fut répondu : Ce n'est pas pour
« toi que ces paroles ont été dites. » Voir la brochure *le grand Pape et le grand Roi*, qui a publié ses prédictions pour la première fois en 1871. (11. 35. 117. 153.)

36° *Prophétie de la Sœur Rose-Colombe.* (19e siècle.)

1871. Rose-Colombe Azdente, d'une noble famille de Piémont, Religieuse dominicaine au monastère de Sainte-Catherine-de-Sienne à Taggia, diocèse de Vintimiglia (Italie), passa 64 ans en religion, dans l'exercice des plus édifiantes vertus. Elle mourut de la mort des saints au mois de juin 1847. Elle avait fait à ses sœurs un grand nombre d'importantes prédictions sur notre époque.

Mgr l'évêque d'Albenga les fit recueillir en un procès-verbal sur les dépositions des Religieuses qui avaient vécu avec elle. L'original est conservé aux archives de Vintimiglia. Des extraits de ces prophéties pris sur des copies authentiques du procès-verbal ont été imprimés pour la première fois en France en 1871, dans la brochure *Le grand Pape et le grand Roi*, dans les *Voix prophétiques* et dans notre première édition. (82. 101. 154.)

37° *Prophétie de la Salette.* (19e siècle. 1846.)

1871. Personne n'ignore le grand événement de la Salette (Isère); l'apparition de la sainte Vierge, le 19 septembre 1846, à deux petits bergers, Mélanie Mathieu, âgée de 14 ans, aujourd'hui Religieuse, et Maximin Giraud, âgé de 11 ans; les plaintes de Marie, ses menaces et les secrets confiés par Elle aux enfants. Les enfants ont fait connaître tout de suite les reproches et les prédictions menaçantes de la sainte Vierge, dont une partie est accomplie. Leurs secrets n'ont été connus que beaucoup plus tard : 1° par les particularités qu'ils en ont rapportées de vive voix, surtout Mélanie, et qu'on a recueillies; 2° par les révélations des personnes qui ont eu connaissance officielle des secrets; 3° enfin par les lettres de Mélanie. Dans l'une de ces lettres, adressée à M. l'abbé Félicien Bliard, qui présente comme un résumé des châtiments dont est menacé le monde jusqu'aux derniers jours, Mélanie déclare que le temps est venu de faire connaître son secret, et elle en divulgue une grande partie. Nous avons pris tout ce que nous citons de ces prédictions dans un opuscule publié en 1871, à Grenoble sous ce titre : *Les secrets de la Salette et leur importance.* (14. 43. 64. 74. 86. 102. 115. 120. 156.)

38º *Prophétie du Vénérable Père Bernard Clauti.*
(19ᵉ siècle. 1849.)

1871. Ce saint Religieux, surnommé Paolotto, de l'Ordre des Minimes, est mort à Paola, en 1849. Il avait habité pendant de longues années la ville de Rome, où il était en grande vénération à cause de sa sainteté. On s'occupe du procès de béatification. D'après les dépositions faites sous la foi du serment, le vénérable Religieux aurait été favorisé du don de bilocation et de prophétie. Il a opéré plusieurs guérisons miraculeuses, et un grand nombre de prédictions qu'il a faites se sont réalisées. Nous donnons quelques-unes de ses prophéties sur notre temps, qui ont été consignées dans une lettre écrite de Rome, d'après les pièces du procès, le 16 juillet 1861, et publiée par *Le supplément à l'avenir dévoilé,* 1871. (50. 93. 114. 157.)

39º *Prophétie du curé d'Ars.* (19ᵉ siècle. 1859.)

1871. Le Vénérable Jean-Baptiste Vianney, curé d'Ars (Ain), si connu en France, est mort en grande renommée de sainteté, le 3 août 1859. Rome l'a déclaré Vénérable, et le procès de béatification est commencé.

Que le saint homme ait reçu fréquemment des lumières d'en-haut pour connaître l'avenir, c'est un fait qu'un nombre considérable de personnes ont expérimenté. Il arrivait assez souvent que le vénérable curé mêlait à ses réponses prophétiques sur des affaires particulières, des prédictions qui concernaient les affaires générales de la France [1]. Une de ces prophéties générales a été recueillie

1. Voir *le curé d'Ars, vie de M. Jean-Baptiste-Marie Vianney,*

en 1859, avant la mort de M. Vianney, par un Frère, appartenant à une communauté de missionnaires, à Paris, qui était venu le consulter sur son entrée en religion. Nous la rapportons d'après les *Voix prophétiques*. La première partie avait trait au siége de Paris et s'est accomplie : « Quand on vous arrêtera les vivres (à Paris), avait dit le « saint curé, on fera beaucoup d'armes et on ne les fera « pas valoir. On sortira pour repousser les ennemis, « mais on ne les repoussera pas, parce qu'on ne s'en- « tendra pas. On les paiera, et ils laisseront passer les « vivres. » (23. 41. 66. 76. 113.)

40° *Prophétie d'une personne pieuse.* (19e siècle. 1860.)

1871. « Nous tenons la révélation suivante », dit M. l'abbé Curicque, « du Révérend Père Prieur de la « Chartreuse de*** à qui une copie en a été adressée le « 2 mars 1860. Elle vient d'une personne pieuse, favo- « risée de communications célestes ; son directeur spiri- « tuel, qu'elle a informé de cette vision arrivée le 13 « février 1860, a pensé en instruire quelques bonnes « âmes, à la plus grande gloire de Dieu [1]. »

41° *Prophétie d'une Religieuse d'Autriche.*
(19e siècle. 1870.)

1871. Cette Religieuse connut en révélation, il y a quelques années, la grande guerre qui vient d'avoir lieu et l'envahissement de Rome par la Révolution. On refusait de croire à ces événements ; mais quand on les vit s'ac-

---

par l'abbé Alfred Monnin, Missionnaire, Paris, 1861, tome II, page 649 et suivantes, notamment page 668.
1. *Voix prophétiques*, p. 474.

complir à la lettre, un vénérable ecclésiastique de Rome écrivit à cette personne privilégiée pour la consulter sur ce qui arriverait encore. Voir la brochure *Le grand Pape et le grand Roi*, Toulouse, 1871, qui rapporte cette prophétie en note, page 148. (91. 124.)

Il me semble avoir donné, dans cette nomenclature, les plus remarquables et les plus authentiques d'entre les prophéties modernes.

Aucune, sauf celle de Marie Lataste, n'est revêtue de l'approbation directe ou indirecte de l'Eglise; aucune ne contient quoi que ce soit de répréhensible quant à la foi, aux mœurs ou aux traditions. Elles sont toutes claires et précises; toutes sont suffisamment, et beaucoup, très-grandement antérieures aux événements prédits. Elles ont donc les caractères requis selon nos règles pour que nous les *retenions*. Nous avons indiqué successivement celles dont quelques prédictions se sont déjà accomplies.

J'arrêterais là cette notice; mais je vous entends me dire : « Vous faites un oubli considérable : et Nostradamus ?... » Ayez le courage de lire les quelques pages de la lettre suivante, et vous saurez la raison qui me fait mettre Nostradamus à l'écart et le cas que j'en fais.

LETTRE VI.

NOSTRADAMUS.

Tout le monde a entendu parler de ce fameux astrologue-médecin, né à Saint-Rémy de Provence, en 1503, et mort à Salon en 1566. Cette même année, ses Prophéties étaient imprimées pour la première fois en entier. Elles sont divisées en *Centuries* et *Présages*, et disposées par quatrains. Il y a encore deux lettres prophétiques de Nostradamus, l'une à son fils César, de 1555 ; l'autre, au Roi Henri II, de 1558.

Depuis quelques années la renommée de Nostradamus grandit, grâce à quelques nouveaux interprètes, parmi lesquels brille, en première ligne, M. l'abbé Torné Chavigny, curé de Saint-Denis-du-Pin, diocèse de La Rochelle (ancien curé de la Clotte).

Fort diverses sont les impressions que l'on éprouve à la lecture des singuliers livres composés par cet ecclésiastique sur Nostradamus (notamment les *Lettres du Grand Prophète, traduction et commentaire*, par H. Torné-Chavigny, Saint-Jean-d'Angély, 1870, et *Portraits prophétiques*, Poitiers, 1871).

D'abord on est étonné et fatigué de ce fouillis de citations, de ce fatras d'érudition, d'aloi douteux souvent, dont l'à-propos ne se voit pas toujours du premier coup. Il est difficile de lire plusieurs lettres de suite. Des remarques ingénieuses, des *accommodations* fort adroites, des rapprochements très-curieux de mots et de faits, *des tours de force* d'esprit, charment et font sourire. Puis l'âme est péniblement attristée de l'assurance naïve et convaincue avec laquelle M. Torné affirme sa prédestination et sa mission : il a été prédit et annoncé depuis trois siècles !

M. Torné assure à plusieurs reprises et prétend démontrer, par les quatrains des Centuries et des Présages, que : 1° depuis trois cents ans Nostradamus l'a prophétisé comme devant être en ce siècle-ci son traducteur et son interprète ; 2° qu'il l'a désigné sous son propre nom de Torné et de plus par le titre de ces deux cures successives, la Clotte et Saint-Denis du-Pin ; 3° qu'une erreur de date, commise par lui, traducteur, dans ses explications, a été aussi prédite, erreur qui pendant 12 ans a arrêté la vente de ses livres; 4° Nostradamus a encore prophétisé que les lettres de M. Torné seraient arrêtées à la poste par la police, que son premier volume serait saisi par un M. Bleynie, procureur impérial à Libourne, lui aussi nommément prédit [1]; 5° que Nostradamus, pour ajouter de la force à sa prophétie, a puisé dans les livres qui devaient tomber sous la main de son traducteur les expressions mêmes dont il s'est servi; qu'il copie Racine, Victor Hugo, etc.; 6° que M. Torné aurait seul le don d'interprétation pour comprendre ce que Nostradamus a voulu dire et prédire; qu'il serait traité d'insensé [2], mais qu'après sa mort il serait déclaré sage par ses disciples, qui le rendraient immortel.

Voilà d'étonnantes affirmations. Vous ne me croiriez certainement pas sur cette analyse et ma seule parole. Aussi, lisez les citations textuelles, à la fin de ces lettres (Appendice I°).

De telles énormités suffisent déjà pour faire juger l'œuvre et ne contribueront point à l'honneur de l'ouvrier.

En outre, à qui persuadera-t-on que le Saint-Esprit, dont le véritable prophète n'est que l'instrument, ait fait des révélations sur l'avenir pour des chrétiens à la façon des prophétesses païennes : « Nostradamus a dispersé çà et là, comme les sibylles, les parties d'une même prophétie, mais non au hasard [3]. » Quel esprit sérieux

---

1. Cyrus n'est plus le seul !
2. Ne serait-ce pas la prédiction qui s'accomplira le mieux ?
3. Lettres du grand prophète, p. 278.

admettra jamais que le Dieu de lumière et de majesté ait voulu révéler l'avenir sous une enveloppe si ténébreuse et si impénétrable, dans un langage qui n'est d'aucun peuple puisqu'il emploie des expressions de toutes les langues [1], avec la forme puérile et grotesque du logogriphe, du calembour, de l'anagramme et des jeux de mots. Je n'invente point; je copie M. Torné. Voyez les *Lettres du grand prophète* presqu'à chaque page [2].

Si, dans les prophéties scripturales et les prophéties modernes vraiment inspirées, on ne voit pas toujours très-clairement les événements annoncés, du moins on comprend, même dans leurs termes les plus figurés, le langage qu'elles emploient, et il est toujours digne.

Mais qui donc raisonnablement pourra croire à la céleste origine des prédictions de l'astrologue, dans lesquelles en aucune façon n'est atteint le résultat voulu et assigné par le Seigneur aux prophéties privées? Dieu communique le don de prophétie principalement pour procurer aux chrétiens force et consolation dans leurs épreuves particulières ou dans celles de l'Église. Or comment trouveraient-ils ce secours spirituel dans des écrits qu'on ne peut ni comprendre ni interpréter? Avant les événements, les prédictions du médecin provençal sont tout à fait inintelligibles; on ne voit même pas ce qu'il veut dire. Après les événements, on arrive à comprendre quelque peu, encore faut-il de nombreux et fort discutables commentaires; et de plus, souvent les commentateurs les plus habiles ne sont pas d'accord entre eux, l'un

---

1. Réédition de Nostradamus. H. Torné-Chavigny. Bordeaux, 1862, p. 48. « Nostradamus écrit en latin avec des mots français... il mêle des mots grecs, latins et romans. »

2. Et Réédition, p. 48.

appliquant à l'avenir ce que l'autre explique du passé. Ces prédictions par conséquent n'ont pas d'utilité : dès lors elles ne viennent point de l'esprit de Dieu [1]. On doit dire qu'elles sont deux fois inutiles : dans le passé, incompréhensibles depuis 300 ans, elles n'ont servi à rien ; et dans le présent, elles ne sont utiles à rien ni à personne : car la claire lumière des prophéties modernes, aussi authentiques et plus autorisées, vaut beaucoup mieux que tous les éclaircissements des interprètes, plus ou moins prédits, de Nostradamus.

Cependant, direz-vous, pour être juste vous devez reconnaître avec M. de Maistre lui-même (*Soirées de Saint-Pétersbourg*), que, dans son épître dédicatoire au Roi de France, Nostradamus a clairement annoncé au XVIᵉ siècle la révolution de 1789. Oui, sans doute ; mais, pour être complétement juste, reconnaissez, vous aussi, que le cardinal Pierre d'Ailly, en 1414, et les astrologues Pierre Turrel en 1531, et Richard Roussat en 1550, avaient prédit avant lui cette même Révolution. A cause de cela les tiendrons-nous pour vrais prophètes? Pas plus les uns que les autres.

Les saintes Écritures nous ont appris que Dieu « a tout disposé *in numero, avec nombre*, dans la loi du nombre [2] ». Il peut donc être vrai que cette loi dirige non-seulement les faits de l'ordre physique, ce qui est incontestable, mais encore ceux de l'ordre moral. Il est sûr que le commencement et la fin de la vie des individus comme des empires, les événements de chaque existence collective ou

---

1. Voir Chap. III. Règles pour le choix des prophéties modernes, 3°.
2. Sed omnia, in mensurâ, et numero, et pondere disposuisti. Sap. XI, 21. Mais vous avez réglé toutes choses avec mesure, avec nombre et avec poids.

particulière, ont des dates certaines dans l'intelligence divine. Les données que nous fournit la révélation nous enseignent qu'un certain nombre de grâces et de miséricordes, qu'une certaine limite de prévarications et de péchés sont déterminée par la Providence à chaque nation. *La loi du nombre* règle donc toutes ces choses.

Dès lors l'esprit humain ne pourrait-il pas découvrir, ou plutôt entrevoir cette loi, au moins pour les grands événements de l'humanité, pour quelques-uns des faits les plus importants de l'histoire, surtout quand il est aidé et pour ainsi dire mis sur la trace, par les prophéties sacrées ou privées? Dans plusieurs passages de la Bible, le Saint-Esprit paraît vouloir nous apprendre lui-même que cette découverte n'est pas impossible, car il semble nous exciter à faire des recherches en ce sens.

Or les astrologues chrétiens, par leur connaissance des saintes Écritures, par leurs calculs plus ou moins savants sur les mouvements des astres, ont pu apercevoir quelque côté de cette grande *loi du nombre*. Parce que l'astrologie judiciaire est une sottise condamnée, il n'est ni contre la raison, ni contre la foi de penser que Dieu a pu établir une certaine concomitance entre l'accomplissement des grandes révolutions astrales et les événements majeurs de l'histoire de l'humanité.

Dieu, qui connaît éternellement les mouvements divers et les grands événements de l'humanité « qui s'agite et qu'il mène », Dieu, « qui a tout disposé avec poids, « nombre et mesure », n'aurait-il pas pas pu régler sur cet avenir, toujours présent pour lui, tout le cours des astres, de sorte que les faits humains auraient été la cause déterminante des faits célestes, et ceux-ci ne seraient que le signe et comme l'enseigne de ceux-là? C'est l'idée qu'exprime saint Grégoire le Grand (homélie X *de Nativitate*) : « Ce n'est pas l'apparition de l'étoile (des « Mages) qui a réglé les destinées de l'Enfant, mais bien « plutôt, si l'on peut ainsi parler, la destinée de l'étoile « qui a été réglée par la venue de l'Enfant » : *Si dici liceat, non stella fatum Pueri, sed fatum stellæ, is qui apparuit, Puer fuit.*

D'après le célèbre Képler et le docteur Sepp, cette étoile qui parut à la naissance de Jésus-Christ était formée par la triple conjonction de plusieurs planètes dans le signe des Poissons [1]. Les calculs astronomiques démontrent en effet que cette conjonction a eu lieu à cette époque et qu'elle a dû former un astre en apparence nouveau, du plus vif éclat. « Képler a fait voir, dit « M. l'abbé Besson, que cette conjonction s'était déjà « opérée à l'époque du déluge, de la sortie de l'Égypte, « de la fondation de Rome; qu'elle se retrouvait à la « naissance de Jésus-Christ et à l'avénement de Charle- « magne et qu'elle marquait au commencement du XVIe « siècle le triomphe de la Réforme [2]. »

Le savant chronologiste et professeur d'astronomie à Berlin, M. Louis Ideler, a calculé à quelles années de notre ère répondaient les grandes conjonctions de Saturne indiquées par le cardinal d'Ailly dans ses *Tables Alphonsines* [3], comme devant amener des événements extraordinaires; et il a trouvé qu'une des grandes périodes de cette planète devait être accomplie précisément en 1789 [4].

---

1. Saturne et Jupiter aux mois de mai, août et décembre.
2. *L'Homme-Dieu*, Conférences. Paris, 1865. Notes, n° 2.
3. Venise, 1492.
4. Voir *Journal des Débats*, 8 janvier 1840.

Qui empêche donc que Nostradamus et les astrologues ses contemporains, en étudiant *cette loi du nombre*, en calculant « *les révolutions saturnelles, les conversions et stations du supérieur ciel, et de l'altitudinaire firmament* », en éclairant et dirigeant leurs supputations par la lumière des prophéties canoniques et privées, ne soient venus à soupçonner, puis à conclure que « *environ les ans de Notre-Seigneur mil sept cent octante neuf* (1789) *de très-grandes et admirables mutations et altercations seront au monde; mesmement des sectes et des loix* »? Ils ont fait de la science, et non pas de la prophétie, si toutefois on peut donner le nom de science à des connaissances qui n'ont point de base absolument certaine, qui ne se forment qu'avec bien des tâtonnements et ne donnent jamais que des résultats fort contestables.

Mais évidemment cette sorte de science ne peut embrasser que les grandes lignes de l'histoire; elle n'atteindra que quelques faits les plus marquants de l'humanité. Les détails doivent échapper nécessairement à l'infirmité de notre intelligence. Quelque génie et quelque science qu'il ait, l'homme ne saurait prétendre à les connaître, uniquement par le calcul des nombres et du cours des astres, sans tomber dans les rêveries de l'astrologie judiciaire. C'est ce qui est arrivé à Nostradamus. Il a été savant pronostiqueur de quelques grands événements. Mais, dans ses Centuries et ses Présages, il n'est qu'un présomptueux et ridicule astrologue. Seul le travail enthousiaste de M. Torné l'a rendu *voyant*.

— Mais comment expliquez-vous les prédictions qu'a faites M. Torné et qui se sont réalisées? Rien de plus simple. M. Torné est prêtre *catholique-romain*. Il sait la théologie, il a étudié l'histoire en général et l'histoire de l'Église en particulier. Toutes ces connaissances, et son jugement formé par elles le mettent au vrai point de vue pour apprécier les idées et les événements de notre époque et pour en prévoir facilement les conséquences. Sans être homme de génie [1], en raisonnant seulement d'après les données de la philosophie de l'histoire, d'après les règles de l'ordre naturel et surnaturel de la Providence, beaucoup d'ecclésiastiques de France et d'ailleurs avaient entrevu dès 1859, et quelques-uns dès le Congrès de Paris de 1856, les faits contemporains, leur marche et leur terminaison. Tant la vérité, quand elle éclaire en plein l'intelligence et le cœur, permet de saisir les principes et les conséquences, de voir la liaison et la suite des événements ! Ajoutez à ce fond la connaissance de toutes les prophéties modernes si claires, si précises, que Dieu a multipliées depuis trois siècles, plus qu'en Israël, pour éclairer, consoler et fortifier les fidèles ; et vous aurez la *source* de la clairvoyance que M. le curé de Saint-Denis *passe* à l'obscur Nostradamus.

De plus, ne perdez pas de vue que celui-ci a dû faire de son temps ce que fait aujourd'hui celui-là. Non-seulement Nostradamus consultait les prophéties sacrées, comme il le dit, mais encore et surtout il lisait et s'appropriait, sans le dire, les prophéties particulières qui étaient connues et publiées à son époque. Il ne s'est pas gêné de copier dans ses prédictions les astrologues ses contemporains, Pierre Turrel et Richard Roussat, comme nous l'avons vu ; et M. Torné en convient [2]. Les différents recueils prophétiques, manuscrits ou imprimés,

---

1. Voir *Le grand Pape et le grand Roi : Intuitions du génie*, p. 131.
2. *Lettres du grand Prophète*, p. 231.

comme le *Mirabilis liber*, et le livre *De magnis tribulationibus*, mis au jour une quarantaine d'années avant sa mort (1522 et 1527), ne lui auront point échappé. Il a donc connu l'antique prophétie de saint Remy, les prophéties de l'abbé Joachim, de saint Thomas, du Roi des Lys et de Jean de Vatiguerro, etc., les prophéties orientales publiées en 1548, 1552 et 1561, et sans doute beaucoup d'autres prophéties, soit imprimées, soit manuscrites.

Lisez dans la 3ᵉ partie les fragments que nous en avons cités. Vous vous convaincrez facilement qu'elles annoncent d'une manière nette et compréhensible les événements principaux de notre époque et d'un prochain avenir, et ensuite, qu'il n'y a rien de plus que ce qu'elles ont dit, dans le petit nombre de choses raisonnables que M. Torné et les autres commentateurs font sortir des Présages et des Centuries. Nostradamus s'est approprié le fond de ces prédictions, et l'a délayé au milieu de ses rêveries et dans son jargon d'astrologue. Ceci explique comment on y trouve quelques expressions qui se rapportent assez facilement à l'histoire contemporaine [1].

Voici maintenant le procédé de *prophétisation*. La matière à manipuler, ce sont les quatrains des Centuries et Présages qu'il « a dispersés, çà et là, comme les « sibylles, et dans lesquels il ne faut pas perdre de vue « que Nostradamus, dit M. Torné, développe sa pro-« phétie par des allusions à la mythologie, à l'histoire, « à l'Écriture sainte ; qu'il a des anagrammes, qu'il « joue sur les noms de lieux, en les employant pour leur

---

1. Le grand Chyren, œnobarbe, nez de milve, etc., ne sont que le risible travestissement de ce que les véritables prophéties ont dit en langage digne et intelligible.

« signification en latin et en grec et pour des noms d'hom-
« mes ; que chez lui *la partie* est souvent pour *le tout* ;
« qu'il écrit en latin avec des mots français, c'est-à-dire
« que sa phrase est pleine d'inversions, d'ablatifs absolus ;
« que les mots sont à différents cas ; qu'il mêle à tout
« cela des mots grecs, latins et romans » [1] et de bien
d'autres langues.

Vous comprenez combien il est facile, dans un pareil salmigondis, de pêcher le morceau qu'on veut. Voulez-vous faire prophétiser Nostradamus sur le passé ? Choisissez premièrement une méthode plus ou moins élastique en façon de clef ; cherchez dans la foule des quatrains ceux qui vous paraîtront se rapporter par un ou deux mots aux événements ; ensuite, au moyen de toutes les langues, de toutes sortes d'inversions, d'allusions, de calembours et d'anagrammes, vous obligerez les mots obscurs et les phrases rebelles à se rendre à votre idée et à votre sens. Voulez-vous de la prophétie pour le présent, pour l'avenir ? Réfléchissez un peu sur les faits contemporains, appréciez-les au point de vue véritable avec le jugement du chrétien et du prêtre éclairé ; surtout consultez les prophéties modernes pour diriger et illuminer vos conceptions ; faites votre choix de quatrains comme plus haut ; ramenez le tout à vos pensées avec le procédé scientifique susdit, et vous aurez une prophétie de Nostradamus qui aura chance d'être vérifiée.

Mais c'est « un travail de bénédictin, cela » ! — Eh ! sans doute : sans cela, que pourrait-on voir et trouver dans Nostradamus ? M. Torné ne doit penser qu'à cela, ne rêver que cela, ne s'occuper que de cela. Il doit faire de continuelles recherches, lire toutes sortes de livres et

---

1. Réédition, p. 48.

de journaux, être à l'affût et à la piste de tout ce qui peut rentrer dans ses aperçus pour les appuyer et les fortifier. Aussi M. Torné est-il tout plein de Nostradamus. Il a le droit de dire en vérité : *Nil nisi Nostradamus*, et ce sera deux fois vrai : il est plus prophète que son « Grand prophète », *et il n'en veut pas souffrir d'autres que lui* [1].

En lisant ses dernières publications, on remarque promptement que M. le curé de Saint-Denis est triomphant d'autorité, de précision, de détails, de surabondance de citations savantes dans les quatrains *accommodés* au passé ; dans les quatrains pour l'avenir, il est beaucoup moins affirmatif. A plusieurs reprises, M. Torné s'est brûlé les doigts. Mais ce n'est pas le « Grand Prophète » qui a été en défaut ; c'est lui, lui seul, Torné, qui est coupable : et pour preuve il reprend ces malheureux quatrains tombés à faux dans la première interprétation, il vous les retourne adroitement d'une nouvelle manière, et... voilà l'accomplissement demandé ; ou bien... voici la prophétie d'un autre événement. On a fait cela bien des fois depuis longtemps. Dans tout ce qui s'est trouvé exactement

---

1. *Nil nisi nostra damus* : tout est du nôtre dans ce que nous donnons.

Nil nisi Nostradamus : rien que Nostradamus, pas d'autres en fait de prophète.

On connaît le distique du poëte Jodelle, contemporain de l'astrologue :

> Nostradamus cum falsa damus ; nam fallere nostrum est ;
> Et cum falsa damus, nil nisi Nostradamus.

La concision du texte et son piquant calembour ne sauraient être exactement rendus en français : « C'est du nôtre que nous donnons
« quand nous donnons des choses fausses, car se tromper est notre
« humaine condition, et quand nous donnons des choses fausses,
« c'est du Nostradamus que nous donnons. » — Voir *Lettres du grand Prophète*, p. 312.

prédit, il n'y a rien eu jusqu'à cette heure que les prophéties modernes n'eussent annoncé déjà, ou que les esprits réfléchis n'aient prévu à l'avance.

Si j'avais à perdre 12 années de ma vie à un si puéril labeur, je gagerais de faire prophétiser à Nostradamus, avec le procédé de M. Torné, n'importe qui et n'importe quoi, depuis le commencement du monde jusqu'en l'année.... 3797. Peut-être est-ce là tout ce que Nostradamus a voulu faire : une manière de prophétie universelle en caoutchouc, puisqu'il dit lui-même que « ses « quatrains.... de prophétie.... sont *perpétuelles vaticinations* pour d'ici (1555) à l'année 3797 » [1] ! D'autre part, M. Torné [2] annonce la fin du monde en l'an 1999 [3] et sept mois, d'après le quatrain 72 de la centurie X [4]. C'est donc 1797 années et cinq mois de l'ÉTERNITÉ sur lesquelles a encore prophétisé Nostradamus ! L'interprétation des quatrains sur ces années *éternelles* faite par M. Torné devra être *infiniment* intéressante. Quel « grand prophète » ! ! ! Que saint Jean s'incline ! ! Bon courage à ceux qui ont entrepris et qui continuent semblable besogne « *pour le triomphe de la vérité*, dit-on, « *pour « la gloire de Dieu et le salut du prochain* » : soit ; mais le résultat est bien douteux.

— Il est au contraire fort à craindre que le résultat ne soit tout opposé à la vérité.

Si M. Torné avait été de ceux qui, en interprétant Nostradamus, attribuent son inspiration prophétique

---

1. Réédition. Lettre à César, p. 56, n° 29.
2. Portraits prophétiques, p. 56.
3. Nostradamus a pris cette date de 1999 dans une prédiction attribuée à sainte Brigitte (an 1360).
4. Réédition, p. 220 et 407.

« aux incantations magiques exhumées du rituel païen
« de Branchus, favori d'Apollon Didyméen », nous
n'aurions point cette crainte. Nous laisserions, sans nous
en occuper aucunement, et le commentateur et le prophète. La vérité n'a pas beaucoup à redouter de semblables affirmations. Mais M. le curé de Saint-Denis, par
son caractère, par sa position, par son zèle pour faire
connaître et priser l'astrologue, a une toute autre importance et une toute autre autorité. Nous le prierons donc de
remarquer que par ses travaux sur et pour Nostradamus
il a préparé des armes à nos adversaires. Et c'est là le
côté le plus sérieux de cette discussion.

En faisant du médecin provençal presque l'égal des
prophètes sacrés, en lui passant après coup et indûment
une clairvoyance puisée dans les prophéties modernes,
dans sa propre sagacité de prêtre catholique, dans sa
science et ses études, il l'a transfiguré et rendu dangereux. Et si on ne lui ôte pas promptement ses plumes
volées, Nostradamus, par le fait de ses interprètes et de
M. Torné surtout, deviendra pour les ennemis de la
Révélation un instrument de guerre précieux qu'ils ne
manqueront point d'utiliser contre elle.

Celui qui lit avec attention les lettres à César et à
Henri II se convainc facilement de la pensée de Nostradamus sur l'origine de ses lumières prophétiques.

Nostradamus reconnaît deux sortes de prophéties :

1º La prophétie par la magie noire, qu'il réprouve ; il a
brûlé tous les livres de magie qui étaient venus en sa
possession [1] ;

2º La prophétie venant de Dieu qu'il nomme « inspi-

---

1. Lettre à César, nos 23 et 25.

« ration divine, divine inspiration supernaturelle, divine
« révélation, révélation inspirée, révélée inspiration,
« esprit prophétique », et qu'il divise en deux classes,
auxquelles il donne également les appellations précédentes, tout en les distinguant grandement entre elles.

La première est la lumière prophétique tout à fait surnaturelle, venant uniquement de Dieu, directement ou par le ministère des bons Anges. Elle est supérieure à toutes les connaissances naturelles de l'esprit humain ; par elle le prophète pénètre « les choses divines comme « humaines, les secrets obstruses. ... et incompréhensibles de Dieu. » « Prophète proprement, dit-il à César, « est celuy qui voit choses lointaines (hors de la portée) « de la connaissance naturelle de toutes créatures [1]. »......

« Quant à nous qui sommes humains, ne pouvons « rien de notre naturelle connaissance et inclination « d'engin, connaître des secrets obstruses de Dieu le « Créateur [2]. »

Cette lumière, Nostradamus déclare qu'il ne l'a point, qu'il n'est pas prophète de cette sorte ; il en refuse l'honneur et le nom [3].

Mais il enseigne à son fils que les secrets de l'avenir peuvent être connus d'une seconde manière par une lumière prophétique naturelle. Ces expressions ne sont point de lui : je les emploie parce qu'elles résument exactement son verbiage et rendent parfaitement sa pensée. Cette lumière, il admet qu'en première origine elle dérive du Dieu Créateur « de qui toute bonté procède » qui est l'auteur de tous les dons de notre nature. C'est

1. Lettre à César, n° 16.
2. Ibid. n° 12.
3. Ibid. n°s 16, 28, 59.

pour ce motif que Nostradamus l'appelle aussi : inspiration divine, révélée inspiration, etc.

Elle s'obtient et se développe de deux façons principales : 1° par un instinct naturel et de tempérament, par un privilége de race et une disposition héréditaire ; 2° par l'étude des astres et les calculs de l'astrologie judicielle. Ajoutez de plus, par les procédés et le bagage astrologique : on peut « venir à recevoir d'occultes vaticinations par le subtil esprit de feu... » par « exiguë flame » et « flambe exiguë », par « quelque indivisible éternité », par « comitiale agitation hiéraclienne », « par la cause occulte », « par la voix faite aux limbes », par « la verge en main » et la « selle d'airain » (trépied), etc .. Voyez les citations à l'appendice II°.

Ce sentiment de Nostradamus sur l'origine de ses prophéties est identiquement le même que celui des exégètes rationalistes d'Allemagne et des Spirites de l'école d'Allan Kardec sur l'origine de toute prophétie en général. Les uns et les autres soutiennent cette fausse et hérétique doctrine que toute lumière prophétique est un don purement naturel, venant de Dieu sans doute, mais au même titre et de la même manière que le génie, le talent et les autres qualités de l'esprit ou du cœur, et que par conséquent elle ne peut servir de preuve à l'existence de la Révélation ni à la divinité de la Religion chrétienne.

Les ennemis du surnaturel ne manqueront pas de mettre bientôt la main (si ce n'est déjà fait) sur les ouvrages des interprètes de Nostradamus, et en particulier sur ceux de M. Torné qui plus que personne se donne de peine et emploie d'éclatante publicité pour les répandre. Imaginez leur satisfaction de trouver dans des livres sortis de plumes catholiques aide et renfort pour leurs dangereux enseignements, et jugez de leur empressement à en profiter.

Que répondraient donc M. Torné et autres si un rationaliste de France ou d'Allemagne leur posait cet argument contre nos dogmes révélés :

« D'après tous vos ouvrages, vous, prêtres et laïques catholiques, vous avez parfaitement prouvé (?) que Nostradamus est un prophète aussi grand au moins que ceux de la Bible : car il a prédit, exactement, dans le plus grand détail, et trois cents ans auparavant, les événements de l'histoire de France et ceux en particulier de notre époque ; et tout, d'après vos explications et vos démonstrations, s'est accompli à la lettre. Or, de son propre aveu, il n'a prophétisé qu'en vertu d'une lumière purement naturelle, par un naturel instinct et une disposition héréditaire et de tempérament, aidés des principes de l'astrologie judiciaire et d'un travail assidu sur le cours des astres. C'est aussi de la même manière qu'ont prophétisé tous les voyants de l'Ancien et du Nouveau Testament : leurs lumières prophétiques n'ont pas d'autre origine. Donc l'accomplissement de leurs prédictions ne prouve rien en faveur de votre prétendue Révélation, et n'établit aucunement l'intervention surnaturelle et directe de Dieu dans les affaires du monde.

Sans doute, M. Torné et consorts affirmeraient que Nostradamus était bon catholique ; qu'il a vécu et est mort dans le sein de l'Eglise ; qu'il a déclaré, dans sa lettre à Henri, « ne vouloir rien écrire qui soit contre la vraye foy catholique » ; qu'il reconnaissait la Révélation chrétienne et l'inspiration surnaturelle et divine des prophètes sacrés ; qu'il n'a prophétisé lui-même que par l'esprit qui les illuminait, et ils citeraient en preuve ses expressions de « révélation divine, de divine inspiration supernaturelle », etc.; ils prétendraient qu'il n'a pas employé l'astrologie judiciaire, puisqu'il a dit : « *Astrologi procul sunto*, loin de moi les astrologues ! » que c'est par humilité qu'il refusait le titre de prophète.

Mais l'exégète répondrait :

Que les sentiments chrétiens de Nostradamus ne font rien à la question; que le point essentiel du débat étant, de part et d'autre, d'établir d'une manière irréfutable la véritable origine de ses lumières prophétiques, on doit démontrer péremptoirement contre les preuves données que Nostradamus ne distinguait pas dans sa pensée deux sortes de prophéties venant de Dieu; qu'il n'a pas formellement déclaré ne point prophétiser de la première manière, mais seulement de la seconde, et surtout que les expressions si claires dont il s'est servi pour affirmer l'origine purement naturelle de ses prophéties n'ont pas cette signification, mais un tout autre sens.

On prétend contre l'évidence que Nostradamus n'a pas fait ses prédictions par l'astrologie dite judiciaire ou judicielle : car il assure positivement lui-même le contraire à plusieurs reprises. Ce n'est pas l'astrologie qu'il repousse, mais seulement les astrologues, ses confrères, qui étaient aussi les principaux de ses adversaires et de ses critiques.

C'est enfin gratuitement qu'on avance que Nostradamus s'est refusé le titre de prophète par *humilité*. L'humilité n'était guère sa vertu puisqu'il redoutait si fort les morsures de la critique et les attaques de ses censeurs, contre lesquels il réclamait piteusement la protection du Roi. C'est la force de la vérité qui lui a arraché cet aveu :

il savait trop bien qu'il n'était point prophète au sens entendu dans l'enseignement catholique.

Donc, concluraient-ils, que Nostradamus ait admis ou non la révélation et la prophétie selon vos idées, dès là qu'on peut soutenir avec bonnes preuves qu'il a prétendu prophétiser au moyen de lumières naturelles, notre argument reste debout : si par ces lumières on a pu obtenir des connaissances sur l'avenir égales au moins à celles des prophètes de la Bible, comme vos livres l'ont prouvé (?), les prédictions de ceux-ci et leur accomplissement ne peuvent plus servir de base certaine à vos croyances.

Que riposterait M. Torné? Je ne le vois pas trop.

Il est probable qu'en se tenant sur son terrain de Nostradamus, il n'aurait rien de bien solide à répondre, et je constate qu'il serait battu par les armes forgées de sa main.

La meilleure réponse, à mon avis, c'est celle que nous faisons dans cette lettre; elle est péremptoire et en même temps préventive de toute attaque du côté de l'erreur : vous placez Nostradamus sur un piédestal dont il n'est pas digne; laissez-lui ce qu'il mérite, son bonnet d'astrologue.

C'est donc avec regret que nous voyons des prêtres, des écrivains et des libraires catholiques, affirmer sans raison et contre raison « l'origine essentiellement respectable de l'inspiration de Nostradamus », exalter à grand renfort de louanges et d'annonces [1] « le grand prophète national » qui, par leur fait et leurs œuvres, pourra si facilement devenir entre les mains de nos ennemis un auxiliaire contre la vérité. Puissent ces considérations

---

1. Voir les derniers prospectus de l'*Ouvrier*.

guérir M. le curé de Saint-Denis de son amour pour Nostradamus !

La cure sera probablement difficile : car c'est vraiment une extraordinaire dilection dont s'est épris M. Torné pour l'astrologue et ses quatrains. Il ne lui suffit pas de l'avoir fait prophète et « grand prophète »; il est tellement l'homme de ce *seul livre* et de ce seul homme qu'il veut absolument le constituer l'auteur de toutes les prophéties, le prophète universel, le roi des prophètes.

Mais il aura besoin d'apporter de plus fortes preuves avant de nous convaincre que Philippe-Dieudonné-Noël Olivarius et le moine d'Orval ne font qu'un seul et même personnage avec Nostradamus. Voici ses raisonnements, échantillon de la force de bien d'autres :

1° Ces deux prophéties emploient pour leurs dates le calcul lunaire; or Nostradamus l'emploie aussi : il nous dit que le monde est « *maintenant conduit par la lune* », et « il parle par 5 fois du règne de la lune pour le temps présent ». Donc Nostradamus est l'auteur de ces prophéties. « Cela est fort remarquable », ajoute M. le curé de Saint-Denis. Oui, comme raisonnement, c'est très-remarquable, au moins autant que le raisonnement suivant : M. le curé de Saint-Denis date ses lettres du « *Grand Prophète* » selon les années de l'ère vulgaire : or je date aussi mes lettres de la même manière; donc M. le curé de Saint-Denis et moi nous ne faisons qu'un.

2° Philippe-Dieudonné Noël-Olivarius, dont la prophétie a été imprimée en 1542, et le solitaire d'Orval en *Lorraine* dont la prophétie a été imprimée à Luxembourg en 1544, sont un seul et même personnage, car cela est dit dans la *Fin des temps*, 1840 (qui n'en donne aucune preuve) ; or les biographes n'ont pas connu d'Olivarius (ils n'ont pas connu les auteurs de toutes les prophéties).

Or Nostradamus, quelque temps avant 1543 ou 1544, a *voyagé en Lorraine* : donc il est l'auteur des deux prophéties.

C'est éblouissant de logique, et concluant au dernier degré !

3° Ces noms Philippe Dieu donné-Noël Olivarius sont évidemment un pseudonyme pris par Nostradamus, et un pseudonyme prophétique. Car Olivarius veut dire « *qui concerne les olives* ».

Or Nostradamus est natif de Provence, *pays des oliviers*. Donc Nostradamus et Olivarius sont le même personnage (!). Il s'est nommé Philippe Dieu donné-Noël pour déclarer que ses prophéties sont, « d'une façon toute parti-
« culière, pour l'époque où le trône usurpé par *L.-Phi-*
« *lippe*, sur le *Dieu donné*, *Noël* ou *l'Attendu*, sera remis à
« celui qui, colombe de l'arche durant l'exil, est le gris
« oyseau portant au bec un verdoyant rameau « d'oliviers »
(Olivarius). Donc c'est une prophétie de Nostramus [1].

« Personne n'avait encore soupçonné cela », dit M. Torné. Je le crois sans peine : *cela* est si clair et si démonstratif ! C'est bien le cas de dire : *Nostra damus*. Ce n'est pas sérieux. C'est faire de la critique bibliographique en homme... absorbé par une idée fixe.

Je comprends bien que l'enthousiaste interprète tienne beaucoup à ce que son « *grand prophète* » soit orné de toutes les qualités possibles. Or, s'il était vraiment l'auteur de la prophétie d'Orval, il aurait en cet écrit une

---

1. Voir *Lettres du grand Prophète*, p. 32 et suivantes. — Voir l'Appendice.

qualité qui lui manque complétement dans les autres : la précision et la clarté des prédictions.

Mais le désir de M. Torné n'est pas une preuve suffisante. Voudrait-il nous expliquer d'une manière démonstrative comment et pourquoi les Centuries et les Présages ont été universellement connus et acceptés comme œuvre de Nostradamus, dès leur première apparition, quand, au contraire, les prophéties d'Olivarius et d'Orval, imprimées auparavant, ont été laissées de côté par les nombreux éditeurs de l'astrologue, et qu'il a fallu attendre trois siècles, jusqu'à la venue de M. Torné, pour qu'elles fussent restituées à leur auteur véritable ? Voudrait-il nous expliquer comment et pourquoi Nostradamus est si clair et si compréhensible pour tout le monde, à Orval en *Lorraine*, et si obscur et si indéchiffrable, souvent même pour M. Torné, en *ses Présages et ses Centuries* ?

Nostradamus a répondu, s'écriera M. le curé de Saint-Denis. Il s'est fait obscur parce qu'il craignait la critique qui lui portait sur les nerfs : « Voyant que quelques-uns de la censure trouveront difficulté, qui sera cause de retirer ma plume à mon repos nocturne. »[1]. Il aimait son sommeil, le bonhomme. Mais c'est un motif peu digne d'un prophète inspiré de Dieu qui ne devait avoir en vue que « sa gloire et le salut du prochain » et qui, après tout, pouvait bien prophétiser clairement et faire imprimer ses œuvres après sa mort. Mais nous aurions été privés de l'interprète prédestiné, M. Torné. Celui-ci, comprenant bien que cette raison n'expliquait rien, en donne une autre de son cru : Nostradamus est obscur

---

1. *Lettres du grand Prophète*, p. 38, et Réédition, p. 84, n° 168.

dans ses *Centuries* et ses *Présages* « afin de n'entraver la liberté de personne » [1]. Il est vrai qu'un peu plus loin M. Torné avoue que Nostradamus savait, et a prédit, que la clarté de la prophétie n'entrave rien. Il reconnaît avec lui que « on passera par-dessus l'interprétation et qu'on ira au-devant de la prophétie » : « car *la connaissance de la prophétie n'arrête la liberté de personne* [2] ». C'est-à-dire, en résumé pour toute raison : Nostradamus est obscur, parce que... il est obscur.

— Je sais bien que si j'étais à la place de M. Torné, et de sa force en *Nostradamus*, je serais, malgré tout, « fort entravé » dans ma « liberté » par les choses que j'y trouverais sur mon compte de *lumineusement* prédites. Oui, maître, je ne suis que le dernier de vos élèves ; mais j'ai vu en *Michel de Nostredame* bien des choses sur vous, en plus de ce que vous avez vu. J'ai vu, maître,

votre mort et votre enterrement !!!

Suivez mon travail, et voyez si votre humble serviteur et élève n'a pas admirablement appliqué « vos secrets d'interprétation ».

> Entre Bayonne et à Saint-Jean-de-Lux,
> Sera posé de Mars le promontoire,
> Aux Hanix d'Aquillon-Nanar hostera lux,
> Puis suffoqué au lit sans adjutoire. (Cent. VIII, 85.)

> Par Arnani, Tholoser, Ville-Franque,
> Bande infinie par le Mont-Adrian,
> Passe rivière, Hutin, par pont la planque.
> Bayonne entrer tous Bichoro criant. (Cent. VIII, 86).

> Apparoistra temple luisant orné,
> La lampe et cierge a Borne et Breteuil,

---

1. *Lettres du grand Prophète*, p. 38, et Réédition, p. 84, n° 168.
2. Ibidem, p. 36, 38.

> Pour la Lucerne le canton destorné,
> Quand on verra le grand coq au cercueil. (Cent. VIII. 5.)

Vous m'arrêtez : mais c'est la mort de Napoléon III qui est prédite en ces quatrains ; mais c'est Rochefort, le chevalier de la Borne, le bretteur et sa lanterne !

Oh ! maître, je n'oublie point vos admirables interprétations. « Oui, vous avez dit :

« Entre Bayonne et Saint-Jean-de-Luz est Biarritz où « Napoléon III va séjourner plus ou moins de temps à peu « près chaque année.'

« *Réédition* (p. 48). Ces mots : « Hanix d'Aquilon « Nanar hostera lux sont pour les mots grecs *Aniscus*, « sans force, et *Nanaris*, femme prostituée, et pour le « mot latin *lux*, lumière. »

« *Moréri*. » Nanea ou Nanée : on en fait une déesse des Perses.

Et vous avez traduit ce quatrain : « A égale distance de « Bayonne et de Saint-Jean-de-Lux, est la montagne « chère à Mars. Quand le vent du nord ou l'Aquilon aura « (faibli) cessé de battre les flots, la prostituée (Nanar) « ôtera la lumière, la vie ; il y aura suffocation au lit » [1]. C'est suffisamment clair. Et dans vos *Portraits prophétiques* [2], vous ajoutez « l'événement de Biarritz sur lequel « il faut *jeter un voile pudique* obligera le neveu (Napo-« léon III), à faire la paix. Il abdiquera en faveur de son « fils » [3]. C'est tout à fait clair.

« A peine, continuez-vous, en expliquant le second « quatrain, le fait annoncé se sera-t-il produit à Biarritz « que... on accourra de *toutes parts* à Bayonne en criant :

---

1. *Lettres du grand Prophète*, p. 95.
2. *Portraits prophétiques*, p. 27,
3. Ibidem, p. 38.

« C'est la guerre civile » (Bichoro). En preuve de votre interprétation vous citez :

« *Moréri.* » Pyrénées. Pour passer de la France en Espagne, la route de « *Saint-Jean-de-Luz* à Saint-Sébas-
« tien va de là le long du *Mont-Saint-Adrien* à Vittoria ».

« Les cartes montrent sur cette même route, entre
« Vittoria et le Mont-Saint-Adrien, les villes d'Ernani,
« Tolosa et Villafranca. »

« Glossaire : Hutin, vif, brusque, emporté, etc.

« *Dialecte gnipouscouan* (parlé à Ernani, Tolosa, etc.) :
« *Bichoro*, désagrégation, division. »

Enfin, je sais, maître, que vous avez traduit et commenté le 3ᵉ quatrain, ainsi qu'il suit :

« En France, le *templum* de l'augure français, sous
« Napoléon III, apparaîtra par l'éclairant Torné (*luisant,*
« *qui jette de la lumière.* W.), la lampe de la prophétie,
« la lumière empruntée à la Lanterne de Rochefort, can-
« didat de la Borne (*Lucerna, lampe, lanterne,* W.), et
« celle des autres *bretteurs* (qui porte une *brette*, épée
« longue et qui aime à se battre, W.), le boisseau, où est
« cantonnée (renfermée W.) *la vraie lumière, ayant été*
« *détourné*, quand le fait de la mort du *Roi de l'Italie*
« *entière* sera venu attirer l'attention publique sur la
« prophétie.

« Le traducteur nommé ici « luisant orné », est
« nommé ailleurs « Denys » (présage XI) comme curé de
« Saint-Denis-du-Pin. Nous ne sortons pas des jeux de
« mots : Pav, Nay, Loron est *Napaulaion, roi*, le canton
« de Lucerne, la *Lucerna*, « Borne et Breteuil, une *Borne*
« et des *Bretteurs* et non pas des lieux de France [1]. »

---

[1]. *Lettres du grand Prophète*, p. 113, 114, 115.

Tout cela est plein de lumière et de clarté... mais seulement pour votre modestie, cher maître : vous n'avez pas vu qu'il s'agissait de vous et de vous seul dans nos deux premiers quatrains autant et plus que dans le dernier.

Et puis vous êtes tombé dans quelques distractions dont vous conviendrez. Je conçois que ce quatrain 1er vous ait séduit : Biarritz, impérial séjour, se trouve si à propos entre Bayonne et Saint-Jean-de-Luz; certaines habitudes peu morales, si bien connues, peuvent faire prévoir si facilement certaines éventualités indiquées même en plein sénat.... Mais, cher Maître, *Nanar* n'a jamais voulu dire prostituée :

Alexandre, Dict. grec. Nanarion et Nanaris, sobriquet d'*un débauché !*

Dict. abrégé de la fable. Nanea ou Nannée, déesse des Perses : c'est la même que Diane : Diane, déesse de la *chasteté et de la pudeur!* La *chaste* Diane ! Petite entorse, direz-vous. Soit ; passons :

« Il est avec *Michel* des accommodements ».

Mais comment vous y prenez-vous pour faire revivre Napoléon III qui « après l'événement de Biarritz... abdique « en faveur de son fils, etc. » ? Il me semble que, d'après vous, en cet endroit *Nanar* le tue bel et bien : elle lui ôte la lumière, la vie; il est étouffé au lit « sans adjutoire », sans secours.

Avouez-le, cher maître : pour un instant vous avez perdu le coup d'œil sûr de l'interprète prophétisé. Oui, c'est uniquement de vous dont il est question.

Admirez donc le « *faisceau lumineux* » de ma traduction et de mes commentaires :

Entre Bayonne et Saint-Jean-de-Luz , (aux bains de mer de Biarritz).

(Quand) à la fin du mois de Mars
Faibliront les giboulées, à l'homme illustre, âgé de
50 ans, ôteront la vie les *Lettres sur le grand Prophète.*:
(Un coup de sang) l'étouffera dans le lit (d'un hôtel)
sans qu'il soit secouru.

Un seul mot nous divise, maître : ce *Nanar* que vous prostituez ! et qui dans la pensée du prophète vous désigne ! Que vous l'avez mal lu ! Lisez bien : N-*Anar*, pour *Anêr*.

Alexandre, Dict. gr. : *Anêr*, homme de mérite. N, treizième lettre de l'alphabet qui en chiffre vaut 50.

Pour ne pas « *entraver la liberté* ». Nostradamus a réuni ce chiffre au mot suivant : *Nanar*.

Burnouf, Gram. grecque : *Des dialectes* : Les Doriens mettent *a* pour *ê* : fama pour fêmê.

Poitevin, Dict. franç. Mars, 3ᵉ mois de l'année. *Promontoire* : langue de terre qui s'avance dans la mer, c'est-à-dire *extrémité, bout, fin* de la terre qui s'avance dans l'eau.

Torné, Lettres du grand prophète, p. 161. *Hoster, Hoster du milieu* : ôter la vie, faire mourir, — « *la phrase de Nostradamus est pleine d'inversions; il écrit en latin avec des mots français* ».

Lux, lumière, c'est-à-dire les lettres du grand prophète.

Page 114 : « *Les lettres du grand prophète sont une lumière.* »

Page 171 : « *Les lettres que je vous adresse mettent en lumière.* »

Bouillet, Dict. univ. de Médecine. L'apoplexie a pour cause l'excès de travaux intellectuels ou des émotions morales; elle est surtout fréquente de 45 à 60 ans.

Pharsale de Lucain : « Maître du cœur de sa prêtresse,

Apollon s'en empare. Revenu à elle-même, la *malheureuse vierge tombe expirante* [1] ».

Hélas ! oui, cher maître, un jour viendra, prédit bien clairement, comme vous voyez, par Nostradamus, qui sur vous et par vous a tant prédit, où l'excès du travail qui vous causent vos lettres sur le « *Grand Prophète* », lumière destinée à éclairer le monde (le luisan *Torné*, l'éclairant *Torné*), les émotions profondes de l'inspiration prophétique vous forceront à chercher aux bains de mer un repos et un réfrigérant que, malheureusement pour nous, vous y prendrez trop tard. Le remède ne préviendra pas le coup. Je ne voudrais pas « *entraver votre liberté* », cher maître; cependant, croyez-moi, de 45 à 60 ans n'allez jamais à Biarritz.

Vous devez penser quelle émotion produira en cette ville et lieux environnants l'annonce d'un tel malheur :
Par *Arnani*, *Tholosa* et *Villefrancque*,
Un nombre considérable de voyageurs et de baigneurs,
 Français et Espagnols,
Passent la *rivière* et s'empressent à qui mieux mieux
 (*Hutin*, vif)
De *s'écrier* en entrant à Bayonne :

Ici encore, maître, un seul mot nous sépare dans l'interprétation : *Bichoro*. Comment avez-vous pu penser qu'*un savant de premier ordre*, *à une époque où* « *c'était à qui montrerait le plus d'érudition* » [2], se serait abaissé à employer un mot du dialecte *gnipouscouan !* Bichoro, du *Gnipouscouan !* C'est de l'hébreu, Monsieur ! et de fameux hébreu, Monsieur ! Je vous le prouve :
Lexicon hebraïcon : BACHAR : être précoce, préma-

---

1. *Lettres du grand Prophète*, p. 96.
2. Ibidem, p. 92.

turé; forme piel : BICHER ; avec le suffixe ô.(de lui) BICHORO ; signification : trépas précoce de lui : quelle mort prématurée !

Et profondeur de la science de Nostradamus ! ou plutôt, de l'inspiration prophétique ! Avec une seule lettre changée, et avec la même prononciation, BAKAR, signifie la cause de votre mort !

Dict. de Philologie sacrée et lex. Hébr. : BAKAR, il a trop examiné, trop fait de recherches ; mot à mot : il s'est fendu, il s'est cassé la tête à travailler.

Quel force, maître, dans l'hébreu ! Étudiez l'hébreu et le sanscrit, avec un peu de chinois aussi, et je garantis que vous serez capable de trouver dans Nostradamus la biographie détaillée de tous et un chacun personnages du XIXe siècle.

Tous s'empressent donc à qui mieux mieux de s'écrier en entrant à Bayonne : Bichoro ! Quelle mort prématurée ! Bichoro ! Quel précoce trépas ! Bichoro ! Quelle malheur ! La tête lui a parti !

« *Il avait trop d'esprit*, c'est ce qui l'a tué ! » (Victor Hugo.)

Portraits prophétiques, p. 27 : « Nostradamus, pour « ajouter à la force de sa prophétie, *a puisé dans les livres* « *qui devaient tomber sous la main de son traducteur, les* « *expressions même dont il s'est servi. Il a emprunté à* « *Victor Hugo* son portrait de Richelieu.

Lettres du grand Prophète, p. 92 : « Il faut l'évidence « pour accepter que Nostradamus *a copié, en effet, Racine* « *et Victor Hugo*. Cette évidence, nous l'avons par le *fait*. « Le passé et l'avenir sont présents devant Dieu. »

Il est de toute évidence que Nostradamus a eu aussi en vue le vers précédent.

Le prophète n'a pas dû s'arrêter là : il vous a suivi jusqu'à la fin. Vous êtes mort, cher maître ; il va falloir vous enterrer. Alors :

Apparoistra au temple (de luminaires) luisan Torné ;

Lui, la lampe et le cierge (du monde) est arrivé à sa borne (à son terme) ; il a l'œil terne et sans vie.

Pour (rendre un dernier honneur à) cette lumière, le canton tout entier de ses affaires est détourné.

Et cela arrivera quand le grand coq, Victor-Emmanuel, sera au cercueil ; vous serez enterré le même jour que lui.

Vos nombreux amis, prêtres et laïques, laisseront tout pour vous rendre ce dernier devoir. Eux aussi crieront comme à Bayonne : Bichoro! Beau luminaire, nombreuse assistance, unanimes regrets, c'est un magnifique enterrement que vous prédit le « *grand prophète* ».

La lampe, le cierge, la lucerne, c'est bien vous, maître ; le traducteur, M. Torné, prédit par « *voye* » de calembours et de « *figures* » : apparoistra l'*éclairant Torné* (le luisan Torné), *la lampe de la prophétie, la lumière empruntée à la Lanterne* de Rochefort. (Lettres du grand prophète, p. 114.)

Breteuil, pour euil Bret : *Nostradamus joue sur les noms de lieux. Il joue sur ce nom qu'il change un peu, pour lui donner le sens qu'il veut* [1].

Euil, ancienne manière d'écrire œil.

Bret pour *Bretas*, mot grec. « *Bonus a fait* bon ; *malum*, mal [2]. »

Alexandre, Dict. grec. Bretas, statue.

1. *Lettres du grand Prophète*, p. 173 et 174.
2. Réédition, p. 48.

Breteuil, œil de statue terne et sans vie. « *Nostradamus mêle des mots grecs, latins et romans* [1]. »

> Quand la cérémonie fut faite,
> Chacun s'en fut chez soi....

Est-ce tout ? Non, Nostradamus a prédit de vous au delà de votre tombe. C'est à vous seul que j'emprunte la traduction de ce quatrain, juste récompense de tels travaux :

> La lune au plein de nuict sur le haut Mont,
> Le nouveau sophe d'un seul cerveau l'a veu :
> Par ses disciples être immortel Semond,
> Yeux au midy, en seins mains, corps au feu.

« Dans la nuit sombre le traducteur a vu des yeux de « l'intelligence, et sans s'aider de l'intelligence d'autrui, « cet astre caché pour tous, alors que, regardant le ciel, « il demandait le secours divin. Traité d'insensé quand « il disait voir cette lune, notre salut, il sera tout à coup « déclaré sage (*sophos*), ses disciples l'ayant présenté « comme intermédiaire de la divinité (semones, *demi-« dieu* W.), alors qu'il aura les yeux tournés vers le « midi, les mains croisées sur la poitrine, le corps au « milieu du luminaire des funérailles ». (Voir *Lettres du grand prophète*, p. 315.)

Serais-je un de ces disciples qui auront l'honneur de vous rendre demi-dieu et immortel ? Ne trouvez-vous pas, maître, que j'ai bien appliqué « vos règles d'interprétation », et bien prouvé que Nostradamus en sa prophétie « *n'a qu'un seul sens et unique intelligence* », que « *jamais on ne pourra lui trouver deux sens et l'appliquer* « *à deux événements* [2] » ? Alors, comme récompense, et

---

1. Réédition, p. 48.
2. Ibidem.

pour me faire passer moi aussi à la postérité, sans nul doute vous allez me mettre en un beau paragraphe, chapitre : *attaques*, dans votre almanach annoncé [1]. Il en sera forT orné [2].

Nous ne saurions donc prendre Nostradamus au sérieux, et nous conseillons à tous de ne point s'en occuper.

— Quant à M. le curé de Saint-Denis, j'espère qu'il reconnaîtra dans ces pages le motif qui m'a fait le prendre à partie, et qu'il voudra bien me passer le ton parfois piquant dont j'use à son égard. Mon but a été le même que le sien, « le triomphe de la vérité » catholique ; et si j'attaque son travail, c'est précisément parce que je le crois nuisible à cette même vérité. Je désirerais de plus lui être utile et lui épargner dans l'avenir le regret, poignant pour un prêtre, d'avoir contribué, si peu que ce soit, par ses ouvrages à retenir ou à entraîner dans l'erreur ne fût-ce qu'une seule âme. J'ai eu l'intention de frapper uniquement Nostradamus l'astrologue, et nullement de blesser un honorable confrère. Manœuvre difficile à réussir dans le cas présent, il faut le dire à mon excuse : tous deux sont tellement *mêlés* qu'en chargeant vigoureusement sur l'un, je n'ai guère pu m'empêcher d'atteindre fortement l'autre. J'ajouterai qu'il ne m'a pas été possible de retenir ni ma pensée, ni ma plume, en voyant un prêtre d'un talent réel, d'une science étendue, possédant une aptitude remarquable aux travaux de recherches et d'in-

1. *Portraits prophétiques.* — (Couverture.) — L'Almanach du grand Prophète Nostradamus pour l'année 1872. — SOMMAIRE. — Attaques, etc.

2. Nous citerons, à titre de prévisions historiques curieuses, quelques prédictions de Nostradamus, ou plutôt, pour parler exactement, de M. Torné. Si elles se réalisent, nous en ferons honneur, comme de juste, à la sagacité de celui-ci et non point à l'inspiration de l'astrologue.

terprétation, appliquer ces dons précieux à un objet si peu digne de lui. J'avoue n'avoir pas été maître d'une sorte d'agacement en pensant qu'un champion de cette valeur, appartenant de droit à la cause de la religion et de l'Église, s'épuisait dans un travail sans utilité pour elle, et qu'au contraire ses travaux et ses veilles n'aboutiraient qu'à fournir des armes aux ennemis de la France et de la vérité. Ah ! si, depuis 12 ans, M. Torné avait voulu et s'il voulait encore, laissant de côté les Centuries et les Présages, employer ses riches facultés à l'étude et à l'interprétation des saintes Écritures, quel exégète nous aurions à opposer à l'Allemage incrédule ! Combien je serais heureux de me dire, sérieusement de ce coup, l'humble serviteur et élève d'un tel maître dans les *Lettres sacrées* !

TROISIÈME PARTIE

CE QUE LES PROPHÉTIES ANNONCENT POUR UN AVENIR PROCHAIN.

CONCORDANCE.

LETTRE VII.

EXPLICATIONS.

Un grand nombre de bons ouvrages sur les prophéties modernes ont été publiés. Je me suis demandé souvent pourquoi, après les avoir lus, je n'étais point satisfait. Il ne me restait dans l'esprit que vague, incertitude, ténèbres. Les différentes prédictions se brouillaient, se confondaient, s'effaçaient les unes les autres. J'ai pensé que si, au lieu de rapporter chaque prophétie en entier successivement, on distribuait leurs prédictions dans une concordance aussi exacte que possible, la lumière et la netteté se feraient à la place de l'obscurité et de la confusion. Les prédictions ainsi rapprochées s'éclairent, s'appuient, se complètent mutuellement ; l'ordre et la suite s'établissent, l'esprit saisit et retient. Pour savoir moi-même et vous dire clairement ce que les prophéties nous annoncent pour l'avenir, j'ai donc à faire cette concordance.

Me voici arrivé au plus difficile de mon travail.

Agencer les prédictions de toutes ces prophéties dans un ordre rationnel, dans un ordre chronologique probable, ce n'est pas petite affaire. Avez-vous joué, quand vous étiez enfant, au jeu *de patience*? Que d'attention, que de temps passé, quel travail de la tête et des doigts, devant tous ces morceaux de carton bizarrement découpés, dont l'ajustement habile devait former une carte géographique ou un tableau! Que de fois vous avez tâtonné! Que de fois vous avez accolé ensemble des morceaux qui n'allaient pas! Que de fois vous avez recommencé! Tel est mon cas, en présence de ces prophéties. Il est fort à croire que j'ajusterai bien des choses de travers. Vous rectifierez, et l'avenir encore mieux, ce qui sera mal posé.

Peut-être auriez-vous préféré une simple analyse des prédictions. J'ai eu un moment la pensée de faire ainsi.

Mais vous seriez privé du texte même de la prophétie. Vous pourriez croire à l'inexactitude, à l'infidélité de l'analyse, au mélange de mes vues particulières avec celles du prophète : toutes choses qui, en diminuant ou ôtant la confiance, rendraient le recueil inutile et m'auraient fait manquer mon but. Vous avez en main le texte authentique, disposé dans un ordre que vous pouvez facilement modifier selon vos idées, ou rectifier selon les événements.

Il est accompagné de quelques réflexions que vous accepterez ou repousserez suivant la manière dont vous comprendrez ou dont s'accompliront les faits prédits. Vous pouvez *retenir* telle prophétie et rejeter telle autre, admettre telle interprétation, ou la combattre.

Rien ne vous gêne ; la facilité du contrôle est complète.

Une analyse, ou la fusion des divers textes en un seul, aurait produit un résultat tout opposé.

Cette facilité de contrôle me donne à moi-même une plus grande liberté dans l'interprétation. Par elle s'explique ce qu'on trouvera peut-être de trop affirmatif, ou même de forcé, dans la signification que je donne à certains passages de quelques prophéties. Je sais que mes lecteurs peuvent sans peine user comme moi du droit proclamé au commencement de cet ouvrage, et adopter, s'il leur plaît, des explications toutes différentes des miennes. Aucune difficulté ne les empêche. Mes interprétations ne sont que de simples commentaires qui ne modifient en rien les textes prophétiques et n'y touchent même pas. La concordance qui rapproche ces textes, la clarté et la simplicité de leurs expressions qui les mettent à la portée de chaque intelligence, tout favorise la liberté d'appréciation et de contradiction. Les événements, seul juge en dernier ressort, diront quelles interprétations ont été les meilleures. Cette situation, qui respecte tous les droits, nous permet d'être sévère à l'égard des commentateurs de Nostradamus, sans que ceux-ci puissent nous rétorquer notre liberté ou nos divergences dans l'explication de nos prophéties.

Pour voir quelque chose dans les écrits de Nostradamus, ses interprètes en torturent et en dénaturent le texte à plaisir. Afin de l'accommoder, selon les cas ou selon leurs idées, soit au passé, soit à l'avenir, et d'en faire une prophétie, ils y mettent des mots et des sens à eux, des mots et des sens qui n'y sont point et auxquels jamais l'astrologue n'a pensé. Ils se constituent prophètes au bénéfice d'un homme qui ne l'est pas. Et ainsi ils font tort aux prophéties véritables, tant sacrées que privées. De là nos justes reproches.

De plus avec le texte incompréhensible de leur voyant et par leurs procédés d'interprétation, ils placent les lecteurs dans l'absolue nécessité de les croire sur parole et d'accepter leurs dires sans répliquer. Car ceux qui voudraient donner des explications contraires et les appuyer de preuves, comment le pourraient-ils, à moins de savoir et d'employer comme eux le grec, le latin, la langue romane avec ses nombreux dialectes, l'astronomie, la mythologie, l'histoire et la littérature anciennes et modernes, etc., etc.? c'est imposer indûment à tout le monde *l'instruction obligatoire* dans un sujet qui précisément doit être de facile accès pour tous.

— Je me suis borné, dans ma compilation, à la période qui s'étend depuis les châtiments dont nous sommes menacés, jusqu'à la fin du règne d'Henri V. Je n'ai point cité les textes prophétiques dont les prédictions regardaient une époque antérieure, ou s'étendaient plus loin dans l'avenir, pour les raisons suivantes. D'abord les prédictions du passé, n'offrant plus qu'un intérêt secondaire, auraient allongé mon travail, au grand ennui du lecteur. Il suffit donc, pour l'autorité de la prophétie, de savoir en général que les faits annoncés par elle précédemment se sont accomplis : c'est ce que nous avons indiqué dans chaque notice, quand il y avait lieu. Nous ne donnons pas la suite des prédictions, parce que les prophéties modernes vont subir bientôt une épreuve solennelle et décisive. Si elles éprouvent un complet échec, si elles ne se réalisent point même dans les grands événements, ce qu'il est bien difficile de croire, mais ce qui n'est pas absolument impossible, inutile de connaître la suite de prophéties qui n'auront plus aucune valeur. Nous nous serons trompés ; commentateurs et lecteurs auront perdu leurs temps et leurs peines ; tout le papier par nous couvert d'encre sera bon à jeter au feu. Il n'en sera que cela, et la question des prophéties modernes aura été procès jugé et terminé.

Mais si au contraire cette épreuve tourne à leur avantage, si elles se s'accomplisent dans leurs principaux faits et dans les détails les plus saillants, leur autorité va croître et grandir d'une manière considérable. Il deviendra avéré qu'elles sont *lumières divines*. Elles auront acquis une véritable importance. Et comme un assez grand nombre poussent leurs prédictions jusqu'à l'antechrist et à la fin du monde, elles pèseront d'un poids sérieux dans l'étude de cette double question et dans l'interprétation des textes sacrés qui s'y rapportent. En ce cas, nous publierions, Dieu aidant, un travail analogue à celui-ci sur toutes les prophéties modernes depuis la mort d'Henri V jusqu'à la fin du monde.

— J'établis deux grandes divisions dans nos prophéties :

1º Temps qui précèdent la venue d'Henri V, ou temps du châtiment ;

2º Avénement d'Henri V, son règne, ou temps du triomphe et de la paix.

Dans la première partie, j'expose d'abord les avertissements et les signes précurseurs des événements (lettre VIII), et en second lieu la suite du châtiment, car le commencement de la punition date de la guerre avec la Prusse (août 1870). Nous avons traversé cette première phase, prédite tout au long dans la portion de la prophétie d'Orval que nous avons commentée (lettre IV).

Cette suite ou seconde phase du châtiment comprend :

la confusion dans l'ordre politique, la guerre civile et sociale (Lettre IX), nous y touchons; puis la grande crise (Lettre X); je fais une lettre à part de la ruine de Paris (Lettre XI); des fléaux qui frappent la France et le monde à cette époque (Lettre XII); puis deux autres lettres sur ce qui se passera pendant cette même période à Rome, dans l'Église (Lettre XIII) et dans le reste de l'Europe (Lettre XIV). Une troisième vous dira combien durera la punition et quand viendra le terme de ces bouleversements et de ces fléaux (Lettre XV). Enfin la seconde partie ne comprend qu'une seule et très-longue lettre qui vous parlera de la venue d'Henri V, du triomphe de l'Église, du successeur de Pie IX, du règne du Grand Monarque et du Grand Pape (Lettre XVI). Que ne sommes-nous arrivés à ces heureux temps!

I.

TEMPS QUI PRÉCÈDENT LA VENUE D'HENRI V.

LETTRE VIII.

AVERTISSEMENTS ET SIGNES.

1. « Je ne cesse d'avertir, dit le Seigneur, pour prévenir d'*immenses calamités*. » (Proph. de Marie Lataste.)

2. « Heureux ceux qui croiront aux avertissements que j'enverrai. » (Proph. d'une Religieuse de *.)

3. « Quand les méchants auront répandu *une très-grande quantité de mauvais livres*, les événements (la guerre civile, le grand combat) seront proches. » (Proph. d'une ancienne Religieuse trappistine.)

4. « Les méchants veulent tout détruire... *Leurs livres, leurs doctrines* inondent le monde. « (Proph. d'une Religieuse de Belley.)

5. « Un temps viendra où *les hommes ne croiront plus à Dieu.* Ils chercheront à secouer le pouvoir des princes et des magistrats. Ils seront infidèles aux monarques. Alors aura lieu une insurrection générale dans laquelle les pères se battront contre les fils, et les fils contre les pères. On s'efforcera de changer les articles de la foi, et de nouveaux livres seront composés. *La religion catholique sera en butte à mille attaques*, et l'on s'efforcera de la détruire par la ruse. *Les hommes aimeront le jeu, les facéties, les plaisirs de toute espèce.* Mais un changement ne tardera pas à s'opérer. »

— « Après des guerres terribles (celles de Napoléon Ier), la paix règnera : et pourtant ce ne sera point la paix, parce qu'il y aura lutte des riches contre les pauvres, et des pauvres contre les riches. Ensuite viendra une dure époque. *Le peuple n'aura plus de foi. Quand les femmes dans l'excès de leur luxe et de leur orgueil ne sauront plus comment se vêtir,* quand les hommes changeront aussi leur habillement et porteront des barbes de capucins, alors Dieu châtiera le monde. »

— « Un signe principal du temps (du châtiment) où la grande guerre éclatera, *sera la tiédeur générale en matière de religion et la corruption des mœurs en bien des endroits.* On prendra alors la vertu pour le vice et le vice pour la vertu ; *on donnera aux croyants le nom de fous, et aux incrédules celui d'hommes éclairés.* »

— « Une guerre terrible se déchaînera sur le monde quand les soldats prussiens seront habillés comme ceux qui crucifièrent Jésus. » (Proph. allemandes.)

6. « Lorsque ces événements (la guerre civile et la grande crise) seront près d'arriver, tout sera tellement troublé sur la terre, qu'il semblera que *Dieu a perdu sa Providence et qu'il ne s'occupe plus des hommes.* »

— « On sera près de ces événements, quand *l'Angleterre commencera à s'ébranler* ; et on le saura à ce signe, comme on sait que l'été approche quand les feuilles du figuier commencent à reverdir. » (Proph. du Père Necktou.)

7. « D'après Sœur Providence (de Blois), les malheurs que nous avons vus (1870 et 1871) ne sont pas les grands malheurs, qui ne sont pas encore commencés. La Sœur les appelle le *grand coup.* »

— « Tant qu'on fera des prières publiques, rien n'arrivera ; mais il viendra un moment où l'on cessera de faire des prières publiques. On dira : *les choses vont rester comme cela.* C'est alors qu'auront lieu les événements. Néanmoins les prières particulières ne cesseront point. »

— « Avant les grands désastres on fera (à la communauté de Blois) une construction. La principale bâtisse sera faite ; mais on ne fera pas tout ce que l'on avait projeté. » (Accompli depuis 1870.)

— « La Sœur Providence a toujours affirmé qu'elle verrait les grands malheurs avant de mourir : que la Sœur Marianne le lui avait assuré. La Sœur Providence est âgée actuellement de 93 ou 94 ans. »

— « Les grands malheurs arriveront *avant les vendanges.* » (Proph. de Blois.)

8. « Vers la fin du règne de l'usurpateur (Louis-Philippe), le Pape mourra et il aura pour successeur un jeune Pape, et ce sera sous lui que la Restauration aura lieu...

« La venue du grand Monarque que Dieu nous garde sera prochaine lorsque le nombre des légitimistes restés vraiment fidèles sera tellement petit qu'à vrai dire on les comptera. » (Proph. de l'abbé Souffrant.)

9. « Il te sera donné, ô France, de voir les jugements de ma justice irritée, *dans un temps qui te sera manifesté et que tu connaîtras sans crainte d'erreur.* Mais tu connaîtras aussi les jugements de ma compassion et de ma miséricorde. » (Proph. de Marie Lataste.)

10. « L'impiété fait ses préparatifs pour dresser son front orgueilleux et superbe dans un temps qu'elle ne croit pas éloigné et qu'elle veut hâter de tout son pouvoir. Mais, en vérité, je vous le dis, l'impiété sera renversée, ses projets dissipés, ses desseins réduits à néant *à l'heure où elle les croira accomplis et exécutés pour toujours.* » (Proph. de Marie Lataste.)

11. « Les châtiments de Dieu vont tomber sur nous en diverses manières: des fléaux, des troubles, le sang versé. » (Proph. de la Mère du Bourg.)

12. « Les châtiments prédits sont la continuation des châtiments mérités par nos crimes. Mais si, comme Dieu le désire, *nous rentrons dans ses voies et dans celles de sa sainte Église*, nos maux seront allégés. » (Proph. de l'abbé Souffrant.)

13. « En 1820, le jour de la fête de saint Pierre... pendant que je priais pour les besoins de l'Eglise et pour la conversion des pécheurs... je vis le ciel s'ouvrir et en descendre avec majesté le Prince des apôtres... Il tenait en sa main une crosse avec laquelle il traça sur la terre une grande croix... Il appuya ensuite sa crosse aux quatre extrémités de la croix, et au même instant il en sortit quatre arbres magnifiques portant des fleurs et des fruits très-précieux... Ces arbres mystérieux avaient eux-mêmes la forme d'une croix et étaient entourées d'une

vive lumière... Ils devaient servir de lieu de refuge au petit troupeau de Jésus-Christ, et préserver les bons chrétiens *du terrible châtiment qui bouleversera le monde entier.* Tous les fidèles qui auront gardé dans leur cœur la foi de Jésus-Christ, ainsi que les Religieux et les Religieuses qui auront conservé fidèlement l'esprit de leur Institut seront tous abrités sous ces arbres et délivrés de *l'affreux châtiment.* » (Proph. de la V. Elisabeth Canori-Mora.)

14. « Si mon peuple ne veut pas se soumettre, je (la Sainte-Vierge) suis forcée de laisser aller le bras de mon Fils. Ce bras est si lourd et si pesant que je ne puis plus le retenir. »

— « *Les grands malheurs arriveront* (a répété souvent Mélanie dans les années qui ont suivi 1847), parce que les hommes ne se convertissent pas, et qu'il n'y a que leur conversion qui puisse les en préserver.

« Dieu commencera par frapper les hommes en envoyant les moins terribles de ses châtiments pour leur ouvrir les yeux. Puis il s'arrêtera, ou s'en tiendra pour un temps à ces premiers avertissements, afin de donner lieu au repentir. Mais on n'en profitera pas. Alors Dieu enverra des fléaux plus grands, toujours pour ramener à la pénitence. On n'en profitera pas davantage. A la fin, comme on ne se convertira pas, il enverra des maux terribles, ses plus grands châtiments. » (La lettre de Mélanie à sa mère, du 11 septembre 1870, est dans le même sens.)

— « Ce n'est pas sans raison que la Sainte Vierge m'a donné *les secrets les plus fâcheux au sujet de la politique...* Vous désirez savoir quelque chose de cela; mais je n'ai pas le courage d'en écrire une seule ligne. D'ailleurs *tout est effrayant.* Je n'ai jamais pu penser à *tout ce qui va fondre sur les peuples*, surtout sur la France. » (Lettre de Mélanie du 17 mars 1854, à un missionnaire de la Salette.)

— « La Sainte Vierge est venue en France... Et la France n'est pas convertie. Elle est plus coupable que les autres nations. *Si elle ne s'humilie pas devant le bon Dieu, elle sera grandement humiliée.* » (Lettre de Mélanie à sa mère et aux habitants de Corps, 11 septembre 1870.)

— « Priez pour la France coupable... La France reconnaîtra-t-elle la main de Dieu, *ou bien veut-elle être anéantie?*... Prions, prions beaucoup, ne cessons pas de prier et de demander miséricorde. » (Lettre de Mélanie à sa mère, 20 novembre 1870.)

— « Dieu est irrité contre son peuple... Je ne vous conseille pas du tout de vous en aller (de Corps). Attendez la défaite de Paris (la capitulation). Attendez encore un plus grand trouble, qui sera de peu de durée (la Commune du 18 mars 1871). Restez où vous êtes (à Corps). Dieu protégera mon cher petit pays par la grande miséricorde de la divine Vierge... La France ne veut pas reconnaître le doigt de Dieu; *elle ne veut pas s'humilier, donc elle doit s'attendre à être humiliée.* Prions et ne cessons pas de prier afin que *Dieu ne détruise pas toute la France coupable...* Espérons que ce Dieu de charité se laissera fléchir... *mais quand la France aura été humiliée.* » (Lettre de Mélanie à Mlle Brisson, 20 janvier 1871.)

— « Notre pauvre France est bien humiliée, dites-vous. Ah! ma chère Sœur, elle aurait bien mieux fait de s'humilier sans attendre les coups de la juste colère du Très-Haut; et elle ferait bien maintenant de se frapper la poitrine, de réveiller sa foi, etc., *si elle ne veut pas être* ENTIÈREMENT *anéantie*... Ah! il y a de quoi pleurer jour et nuit en voyant dans quel état est plongée la société...

On est irrité contre Dieu même, on veut faire la guerre à Dieu ! Ah ! si on ne se dépêche pas de revenir sincèrement à Dieu, *ce qui est arrivé n'est rien, rien*, RIEN [1]. Pauvre France, elle a un voile sur les yeux, elle est comme paralysée pour la vérité ! Pauvre France ! Malheureuse France !... La statue de Voltaire est toujours debout à Paris. Il me semble que la première chose qu'aurait dû faire M. Thiers aurait été de faire briser ce monstre de statue. Mais je le comprends, Voltaire est le Dieu de la France. J'ai écrit à M. Thiers. Tant pis pour lui et pour la France, s'il n'agit pas en chrétien. J'ai fait mon devoir. » (Lettre de Mélanie à une Religieuse de la Providence, 23 juin 1871.)

— « Prions pour notre France afin qu'elle ouvre ses yeux avec foi, et voie clairement que la cause de ses malheurs est d'oublier Dieu... Pauvre France ! Pauvre France ! Elle sera vraiment pauvre France si elle ne revient de ses égarements de vingt-trois ans. *Elle n'a vu que le commencement de ses fléaux*, si elle ne retourne pas sincèrement à Dieu. Oh ! Parisiens, que vous avez la tête dure ! Que vous êtes faibles dans la foi ! Vous souffrez la statue d'un Voltaire dans votre ville. Et si le Gouvernement d'aujourd'hui est encore sans un nom de Gouvernement comme le Gouvernement de Napoléon le fourbe, le voleur, l'idolâtre, vous direz à votre dieu Voltaire de vous sauver. » (Lettre de Mélanie à sa mère, 15 juillet 1871.)

— « Il semble incroyable que les hommes aient la tête si dure : faudrait-il donc qu'ils soient écrasés par les fléaux de la justice de Dieu irrité pour leur faire ouvrir les yeux et changer leur cœur ?... Pauvre peuple ! Pauvre

---

1. Ces deux mots, *entièrement* et *rien*, sont soulignés deux fois dans l'original.

France ! tu ne sais pas que tu peux être broyé comme le grain, sous la meule des vengeances de Dieu.... Vous désireriez, Monsieur, avoir connaissance de la lettre que j'ai écrite à M. Thiers ; j'écris toujours une seule fois mes lettres : je ne saurais donc vous dire ce que j'ai écrit. Je me rappelle seulement lui avoir dit d'enlever la statue de Voltaire à Paris et tout ce qui n'est pas de Dieu et pour Dieu ; il me semble aussi lui avoir dit que si le Gouvernement ne revenait pas à Dieu et ne faisait pas observer ses commandements, *les châtiments qui sont arrivés ne sont encore rien.* » (Lettre de Mélanie à M. C.-R. Girard, 15 août 1871.)

— « Lorsque Naples sera pris et que les Etats de l'Église seront envahis, le règne du mal commencera, *et Dieu semblera avoir pour un temps abandonné le monde à Satan.* » (Résumé du secret de Mélanie donné par Mlle de L.)

— « Dieu va frapper d'une manière sans exemple. Malheur aux habitants de la terre ! Dieu va épuiser sa colère, et personne ne pourra se soustraire à tant de maux réunis. *La société est à la veille des fléaux les plus terribles et des plus grands événements.* On doit s'attendre à être gouverné par la verge de fer et à boire le calice de la colère de Dieu. » (Secret de Mélanie : lettre à M. l'abbé Félicien Bliard, 30 janvier 1870.)

— « Ce *sont des fléaux dont la France est menacée* », a dit le Saint-Père après avoir lu le secret de Mélanie. « Elle n'est pas seule coupable ; l'Italie l'est bien aussi, l'Allemagne, la Suisse, l'Espagne, toute l'Europe. » (Proph. de la Salette.)

*
* *

Il ne faut qu'un peu d'attention pour reconnaître que bon nombre de ces signes se sont accomplis.

Si l'on entend l'*ébranlement* de l'Angleterre, donné comme signe par le Père Necktou, dans le sens religieux, le signe est accompli : l'Angleterre, ébranlée dans son hérésie depuis plusieurs années, revient à l'Église. Si on l'entend dans le sens politique, il va s'accomplir : le vieil édifice de la constitution anglaise commence à être ébranlé, et, au point vue social, l'Angleterre est placée sur un volcan.

— A propos d'un des signes du n° 5, la *Revue Britannique* dit : « Il est à remarquer que, depuis 1840, toute « l'armée prussienne a changé ses anciens chapeaux pour « des casques de forme romaine. Leur nouvel habit « militaire a aussi quelque ressemblance avec la tunique « des Romains. »

— Un autre signe, qui s'accomplit, c'est l'aveuglement et l'orgueilleux endurcissement de la France et de ses chefs.

— Les grands malheurs devant avoir lieu *avant les vendanges*, selon la prophétie de Blois, ce sera dans un mois de *septembre*, mois des avertissements, des iniquités, des châtiments.

LETTRE IX.

CONFUSION DANS L'ORDRE POLITIQUE : LUTTES DES PARTIS. — GUERRE CIVILE, SOCIALE, ÉTRANGÈRE.

15. « J'aveuglerai, dit le Seigneur, ces ouvriers d'iniquités, *et ils ne sauront pas s'entendre* et ils se révolteront les uns contre les autres. » (Proph. d'une Religieuse de *.)

16. « Ce seront *les libéraux* qui se dévoreront les uns les autres. » (Proph. de l'abbé Souffrant.)

17. « Vers ce temps la France sera divisée en plusieurs

partis..... Les Français seront divisés en trois partis. » (Proph. allemandes.)

18. « Il me fut dit (par le Seigneur, vision de 1816) : Tu vois les crimes qu'on commet?... Et qui retient mon bras vengeur ?... Je vais donc encore frapper la France pour le bonheur des uns et le malheur des autres. Je vis dans ce moment un gros nuage qui était si noir que j'en fus épouvanté. Il couvrit toute la France ; et dans ce nuage j'entendis des voix confuses qui criaient, les unes : Vive la République ! les autres : *Vive Napoléon !* les autres : Vive la Religion et le grand monarque que Dieu nous garde ! » (Prophétie d'une ancienne Religieuse Trappistine.)

19. « Vous entendrez plusieurs cris. Les trois qui domineront seront d'abord : Vive la République ! puis : *Vive Napoléon !* puis enfin le dernier : Vive le grand monarque que Dieu nous garde ! » (Proph. de l'abbé Souffrant.)

20. « *Ils ne s'entendent plus !* Des cris retentissent de toutes parts : Vive la République ! *Vive Napoléon !* Vive Henri ! *Vive Louis ! Quelle confusion !* » (Proph. d'une Religieuse de Belley.)

21. « Les hommes et les peuples se sont levés les uns contre les autres. Guerre, guerre, *guerres civiles*, *guerres étrangères !* Quels chocs effroyables ! » (Proph. de Prémol.)

22. « Quelque temps avant la Restauration, il faudra soutenir une guerre étrangère : pour cela on fera une grande levée d'hommes, tous ceux de 18 à 30 ans partiront. » (Proph. de l'abbé Souffrant.)

23. « Les ennemis (les Prussiens) ne s'en iront pas tout à fait ; ils reviendront encore et ils détruiront tout sur leur passage. » (Proph. du Vénérable curé d'Ars.)

24. « Tous les hommes partiront : on les fera partir

par bandes et petit à petit. Il ne restera que les vieillards. » (Proph. de Blois.)

25. « Tentative de Restauration Napoléonienne. « *Le Napoléon qui paraîtra* disparaîtra *bientôt* pour ne plus reparaître. » (Proph. de l'abbé Souffrant.)

26. « *Plusieurs villes* éprouveront des commotions et feront de nouvelles constitutions, à cause desquelles *elles s'isoleront et régneront dans leurs limites;* mais elles resteront dans la désolation. » (Proph. de J. de Vatiguerro.)

27. « Pendant quelque temps, on ne saura à qui on appartiendra... Pendant un temps, on ne saura les nouvelles au vrai que par quelques lettres particulières. » (Proph. de Blois.)

28. « Les Celtes et Gaulois, comme tigres et loups, s'entre-dévoreront... ains guerroyeront entre eux. » (Proph. d'Olivarius.)

29. « Que chacun se garde de son voisin! Car les hommes seront victimes de leurs voisins qui les dépouilleront par d'affreux brigandages et les mettront à mort. Personne ne tiendra sa parole, mais on se trompera et l'on se trahira l'un l'autre... Le monde n'estimera que ceux qui seront portés au mal et à la vengeance. » (Proph. de J. de Vatiguerro.)

30. « Quelle confusion! *le feu!* le sang, la faim! tout l'enfer! » (Proph. d'une Religieuse de Belley.)

31. « On cachera *la mort d'un grand personnage* pendant trois jours. On cachera *une mort pendant onze jours.* » (Proph. de Blois.)

32. « Dans ces événements les légitimistes n'auront rien à faire parce que ce seront les libéraux qui se dévoreront entre eux. » (Proph. de l'abbé Souffrant.)

⁎

La confusion dans l'ordre politique ! Nous y sommes : « *Ils ne s'entendent plus!* » La guerre civile et sociale ! nous y touchons. La guerre étrangère ! nous y marchons.

Il n'est plus besoin aujourd'hui de prophètes pour nous faire voir l'approche de ces terribles choses. Le « *nuage noir* » monte, s'étend et va couvrir la France. On a déjà crié : Vive la République ! bientôt nous allons entendre crier en même temps : Vive Napoléon ! Nous pouvons pressentir les mouvements *séparatistes* des principales cités de la France, et l'antique prédiction de J. de Vatiguerro n'étonne plus. Elle cadre très-exactement avec celle de la Religieuse de Blois annonçant des massacres dans plusieurs grandes villes, et explique les torrents de sang qui doivent couler surtout au Nord, à l'Est et au Midi. Qui ne redoute pas aujourd'hui la guerre civile et sociale dans le Midi, par la ligue de certains départements organisés sous la direction de l'Internationale ?...

En face de cet avenir, si la France est consultée par le suffrage universel, il ne sera pas étonnant que, par ses campagnes surtout, elle réponde : « L'Empereur ! » Serait-il accepté de tout le monde sans résistance ?...

— La prophétie d'Orval, avec sa concision accoutumée, ne dit que *deux* mots de cet avenir, et ces deux mots montrent le résultat de la guerre civile et étrangère.

« *La Gaule vue comme* DÉCABRÉE (*ou délabrée*) *va* REJOINDRE. » Le mot *décabrée* est de la même famille que *se cabrer*. Être décabré doit signifier ne pouvoir plus se cabrer : un cheval ne peut plus se cabrer quand il a les reins cassés. La France serait donc comme *éreintée*, et, par suite, délabrée, ruinée. Elle sera divisée, séparée en plusieurs morceaux, puisqu'elle doit *se rejoindre*. C'est alors que « *on ne saura pas à qui on appartiendra* ». A la

République modérée? A l'Empire? A l'Internationale?... Aux Prussiens? Ce sera le *renversement*, le *bouleversement* prédit. *Quelle confusion!*

— Quels seront ces personnages dont on cachera la mort pendant plusieurs jours? Quel sera le personnage étendu mort sans sépulture dans Paris en flammes (n° 65)? Autant de secrets que l'avenir révélera.

— Avec quel peuple recommencera la guerre étrangère? La Prusse semble n'avoir pas dit son dernier mot.

Elle pourrait bien revenir *à la rescousse* pour assurer le paiement de ses milliards compromis par les troubles. Un pouvoir révolutionnaire nous lancera-t-il de lui-même dans une guerre à outrance pour prendre une revanche prématurée?...

Serons-nous attaqués par l'Italie, ou bien attaquerons-nous avec elle?...

— Nous devons faire observer que le texte de l'abbé Souffrant (n°s 22 et 38) s'entendrait très-bien de la première guerre avec la Prusse : la prédiction serait accomplie. Dans la pensée du prophète, cette guerre aurait été la cause première, quoique non immédiate, non-seulement des troubles qui ont déjà éclaté, mais de ceux qui doivent éclater encore à l'intérieur de la France.

Si au contraire on doit l'interpréter comme annonçant une autre grande guerre, ainsi que notre parenthèse l'explique (n° 38), ce serait à cette occasion que les communeux agiraient de nouveau.

— M. l'abbé Torné annonce que « Louis-Napoléon
« aura, aussi lui, l'exil et le retour de l'île d'Elbe;
« qu'il sera rappelé par plébiscite; qu'il fera la guerre
« à l'Angleterre, contre laquelle il prendra parti
« dans la question d'Orient; que les Anglais seront

« vainqueurs sur mer, mais qu'ils perdront l'Inde ; qu'une
« tentative d'assassinat sera faite à Biarritz sur l'Empe-
« reur par une prostituée ; que l'Empereur abdi-
« quera en faveur de son fils, le Prince impérial
« (Vive Louis ! n° 20), et qu'il fera la paix avec les
« Anglais. Révolution à Paris qui arbore le drapeau
« rouge ; débarquement, à Marseille, d'Henri V, qui
« arbore le drapeau blanc... » (*Lettres du grand prophète*,
p. 54 ; — *Portraits prophétiques*, p. 27.)

Tout cela est possible : M. Torné a pu le prévoir sans Nostradamus, soit à l'aide des prophéties modernes, soit par ses propres conceptions. L'avenir dira si les prévisions de M. le curé de Saint-Denis ont été justes.

LETTRE X.

LA GRANDE CRISE OU LE GRAND COUP. — LE GRAND COMBAT. — INTERVENTION DIVINE.

33. « La contre-révolution ne se fera pas par les étrangers, mais il se formera en France *deux partis* qui se feront la guerre à mort. L'un sera beaucoup plus nombreux que l'autre ; mais ce sera le plus faible qui triomphera. » (Proph. du Père Necktou.)

34. « Je vois clairement *deux partis* qui vont désoler la France : l'un, sous le coup de la persécution, et l'autre, sous le coup de l'anathème de Dieu et de son Église. Les *deux partis* se sont déjà placés, l'un à droite et l'autre à gauche de leur juge, et représentent tout à la fois le ciel et l'enfer. Comme sur le Calvaire, les uns m'adorent, dit Jésus-Christ ; les autres m'insultent et me crucifient ;

mais ma justice aura son tour. » (Proph. de la Sœur Nativité.)

35. « Il y aura dans notre France *un renversement effroyable*. Cependant *ces jours seront abrégés en faveur des justes. Il y aura une crise terrible.* La justice punira; mais la miséricorde viendra, et nous serons sauvés. » (Proph. de la Mère du Bourg.)

36. « Il faudra bien prier, car les méchants voudront tout détruire. Avant le *grand combat* ils seront les maîtres; ils feront tout le mal qu'ils pourront, non tout ce qu'ils voudront, parce qu'*ils n'en auront pas le temps.*

— « Que ces troubles sont effrayants! Pourtant *ils ne s'étendront pas par toute la France*, mais seulement *dans quelques grandes villes* où il y aura des massacres, et surtout *dans la capitale* où ce massacre sera grand. — Que de massacres ! Que de désastres! »

— « Ce *grand combat* sera entre les bons et les méchants; il *sera épouvantable ;* on entendra le canon à neuf lieues à la ronde. Les bons, étant moins nombreux, seront un moment sur le point d'être anéantis ; *mais, ô puissance de Dieu ! ô puissance de Dieu !* tous les méchants périront... et beaucoup de bons.

« Quelle agitation et quel trouble ! *C'est la 19ᵉ semaine. Il y aura une nuit dans laquelle personne ne dormira.* Il y aura des choses telles que les plus incrédules seront forcés de dire. *Le doigt de Dieu est là ! Il y aura un orage* qui dépassera les proportions connues : *cet orage ressemblera à un petit jugement dernier.* » (Proph. de Blois.)

37. « En même temps (suite de la vision de 1816, voir nº 18,) il se donna *un grand combat*, mais si violent qu'on n'en avait jamais vu un semblable ; le sang coulait comme quand la pluie tombe bien fort,

surtout depuis le Midi jusqu'au Nord, car *l'Ouest me parut plus tranquille.* Les méchants voulaient exterminer tous les ministres de la religion de Jésus-Christ et tous les amis de la légitimité. Ils en avaient déjà fait périr un grand nombre, *et criaient déjà victoire, lorsque tout à coup* les bons furent ranimés par *un secours d'en haut*, et les méchants furent défaits et confondus... *La plupart des méchants ayant péri dans le grand combat......* ceux qui auront survécu seront si effrayés du châtiment des autres qu'ils ne pourront s'empêcher de reconnaître *le doigt de Dieu et d'admirer sa toute-puissance :* plusieurs se convertiront. » (Proph. d'une ancienne Religieuse Trappistine.)

38. « Toutes les forces du gouvernement étant prises par (la guerre avec) cette puissance étrangère (voir n° 22), l'intérieur de la France se révoltera. *La crise civile* sera dirigée surtout contre la religion... Le choc sera terrible. On se battra *du Midi au Nord* pendant plusieurs semaines, et les quinze derniers jours, jour et nuit. Cependant la crise ne sera pas longue ; mais il périra plus d'hommes en ce peu de temps qu'en 93... Elle se fera sentir *surtout dans les grandes villes.....* »

« Avant le grand Monarque, des malheurs terribles doivent fondre sur la France. Le sang coulera par torrent *dans le Nord et le Midi ; l'Ouest sera épargné à cause de sa foi.* Mais le sang coulera *tellement au Nord et au Midi*, que je le vois couler comme la pluie dans un jour de grand orage, et je vois les chevaux ayant du sang jusqu'aux sangles. Paris sera détruit, tellement détruit que la charrue y passera. Mais, dans tous ces malheurs, *l'Ouest sera épargné*, car il a trouvé grâce devant Dieu en vue de sa foi. Entre le cri « Tout est perdu » et celui « Tout est sauvé » il y aura à peine le temps de se retourner ; et ce sera lorsque l'on croira tout perdu que tout sera sauvé.

« Les puissances, voyant ce désordre en France, s'armeront, non en faveur de la légitimité, mais dans le but de se partager la France, car l'Angleterre trahira. L'Empereur de Russie viendra jusqu'au Rhin... A ce moment on croira tout perdu, et tout sera gagné, car on se tournera du côté de Dieu, n'attendant le secours que de lui seul..... (Au Rhin) une main invisible arrêtera (l'Empereur de Russie) ; il reconnaîtra le doigt de Dieu, il se fera catholique..... *Le ciel se déclarera* en faveur de la France ; elle remportera la victoire ; mais celle-ci sera attribuée au Seigneur, et non aux hommes. *La chose sera tellement surprenante que le plus vulgaire criera au miracle.* Et alors aura lieu la Restauration. » (Proph. de l'abbé Souffrant.)

39. « Il me semblait, mon Père, que je vis éclater la Révolution d'une manière terrible... Il me semblait voir tout à coup sortir des foules armées de toutes les rues de Paris et ailleurs ; je vis les chemins de fer interrompus par les brigands, et chacun qui n'avait pas pris ses précaution d'avance, condamné à rester dans sa maison, et beaucoup à y être égorgés. Je vis une multitude de prêtres enchaînés les uns aux autres, et il me semblait voir une grande quantité de couvents brûlés, pillés et de Religieuses outragées ; il me semblait aussi, mon Père, que la plus grande partie de ces Religieuses qu'on outrageaient étaient celles qui n'étaient pas selon le Cœur de Jésus, et que celles qui étaient bonnes Religieuses étaient en partie préservées de ce genre de supplice. Il y en avait pourtant qui étaient véritablement bonnes et qui passaient par ce même tourment, pour expier pour d'autres qui ne

faisaient pas pénitence et qui n'avaient pas réparé ce péché. *Quel bouleversement !... Quel massacre !...*

« Je vis un grand nombre de personnes qui semblaient accepter la mort en expiation de leurs péchés ; mais j'en vis aussi beaucoup d'autres qui semblaient se désespérer à la vue de la mort. Au milieu de ce *bouleversement*, il me semblait entendre ce cri partout, en tout lieu : « Fais pénitence et répare pour tant de crimes ; répare pour toi et répare pour les autres ; le jour du jugement est proche. » Il m'est très-difficile, mon Père, de vous expliquer la manière dont tout cela s'arrangeait ; mais j'ai cru comprendre que la *plus grande partie des victimes était des méchants* et que le bon Dieu avait soin des siens et les protégeait pour son Église. Je crois que Notre-Seigneur veut ménager la plus grande partie des bons pour le triomphe de l'Église ; il ne peut pas laisser emporter par la fureur des méchants ceux dont il a besoin pour le salut du monde.

« Il me semblait voir au milieu de cette cohue un grand trône ; je vis les brigands renverser ce trône.... Alors le tout était à son comble ; le monde entier me semblait être une ruine et un désordre. Mais ce qui dominait toujours mon attention, c'était les prêtres. J'en vis un grand nombre qui se mettaient de la partie, quand ils se virent pris, espérant se sauver ; mais leurs espérances furent confondues, et ils périrent misérablement.

« Il me semblait, mon Père, *que cette grande crise* ne durait pas longtemps, et qu'après cela on respirerait une autre atmosphère ; que la paix de Dieu, que l'on goûterait après, serait une paix inconnue, parce que la paix de Dieu ne règne plus sur la terre. » (Proph. d'une personne pieuse.)

40. « Bien que dans le cinquième âge nous ne voyions partout que les calamités les plus déplorables ; tandis que tout est dévasté par la guerre ; que les catholiques sont opprimés par les hérétiques et les mauvais chrétiens ; que l'Église et ses ministres sont rendus tributaires ; que les principautés sont bouleversées ; que les monarques sont tués ; que des sujets sont rejetés, et que *tous les hommes conspirent à ériger des Républiques, il se fait un changement étonnant par la main de Dieu tout-puissant, tel que personne ne peut humainement se l'imaginer.* » (Tome 1er p. 184. Proph. du V. Holzhauser.)

41. « Il y aura encore des ennemis ; on se tuera et on se vengera... *Les ennemis* (les Prussiens) *ne s'en iront pas tout à fait ; ils reviendront encore,* et ils détruiront tout sur leur passage (v. n° 23). On ne leur résistera pas, mais on les laissera s'avancer, et après cela on leur coupera les vivres, et on leur fera éprouver de grandes pertes ; ils se retireront vers leur pays ; on les accompagnera, et il n'y en aura guère qui rentreront : alors on leur reprendra tout ce qu'ils auront enlevé et même beaucoup plus. »

« Ce ne sera pas long (la grande crise). *On croira que tout est perdu, et le bon Dieu sauvera tout. Ce sera un signe du jugement dernier.* Paris sera changé (détruit) et *aussi deux ou trois autres villes.* »

« On voudra me canoniser, mais on n'en aura pas le temps. » (Proph. du curé d'Ars.)

42. « Les méchants ne prévaudront pas. Il y aura un moment si affreux *qu'on se croira à la fin du monde. Les éléments* seront soulevés : ce sera comme un *petit jugement.* Il périra en cette catastrophe une grande multitude. » (Proph. du Père Nektou.)

43. « Il est inutile, à l'heure qu'il est, de parler aux

hommes, *l'aveuglement est à son comble;* il faut que Dieu leur parle et *il leur parlera; mais ils ne peuvent s'imaginer comment... Il faut une purge à la terre.* » (Lettre de Mélanie à M. C.-R. Girard, 15 août 1871.)

— « La France, l'Italie, l'Espagne et l'Angleterre seront en guerre. *Le sang coulera* dans les rues; le Français se battra avec le Français... Puis il y aura une guerre générale, qui sera épouvantable. Pour un temps Dieu ne se souviendra plus de la France ni de l'Italie, deux ans, un an, parce que l'Évangile de Jésus-Christ n'est plus connu. »

« Paris sera brûlé, et Marseille engloutie; plusieurs grandes villes seront ébranlées et englouties par les tremblements de terre. » (Secret de Mélanie, lettre à M. l'abbé Fél. Bliard.)

— « L'Europe se liguera contre la France et *l'écrasera.* Paris sera saccagé, trois grandes villes brûlées... *Du sein du chaos* le calme sera ramené subitement *par une intervention évidente de Dieu.* » (Résumé du secret de Mélanie, donné par Mlle de L. — Proph. de la Salette.)

44. « L'usurpateur viendra s'asseoir sur le trône de France, où ma vengeance (la vengeance du Seigneur) le trouvera plus tard. » (Louis-Philippe en 1848).

« La démence et l'aveuglement règneront (Napoléon III). *L'aveuglement ira jusqu'au bout.* Paris périra; mais ils diront : « Il y avait des souterrains sous Paris, et le feu s'y est mis », et ils s'endurciront. *La seconde ville du royaume sera frappée*, et ils ne croiront point encore. *Une troisième sera frappée*, et ils commenceront à crier merci. *Et quand le sang aura coulé;* l'enfant du lis rentrera en France. » (Proph. d'une Religieuse de Lyelbe.)

45. « La main et la colère de Dieu s'appesantiront sur le

monde à cause de la multitude et de la continuité de ses péchés... *Tous les éléments seront altérés* parce qu'il est nécessaire que l'état du siècle soit changé. La terre éprouvera en plusieurs lieux des *secousses effrayantes* et engloutira les vivants. Nombre de villes, de forteresses et de châteaux-forts s'écrouleront et seront renversés par le *tremblement de terre*. La mer mugira et s'élèvera contre le monde. On verra dans le ciel des signes nombreux et très-surprenants... Signes *de la destruction et du massacre de presque tous les hommes.* » (Proph. de J. de Vatiguerro.)

46. « Eh quoi ! Seigneur, votre bras ne s'arrête pas ? N'est-ce donc pas assez de la fureur des hommes pour tant de ruines fumantes ? Les *éléments doivent-ils donc encore servir votre colère* ? Arrêtez, Seigneur, arrêtez ! *Vos villes s'abîment* d'elles-mêmes ! » (Proph. de Prémol.)

47. « Mais je m'élèverai, dit Notre-Seigneur, contre ces superbes pécheurs ; je ferai gronder mon tonnerre au-dessus de leurs têtes, et ma foudre *ébranlera la terre sous leurs pieds*. J'éclairerai leurs yeux du feu de mes éclairs, et je les envelopperai *dans le brouillard impénétrable de mes nuages*... Oui, ma fille, au souffle qui sortira de ma bouche, les hommes, leurs pensées, leurs projets, leurs travaux disparaîtront comme la fumée au vent. » (P. de Marie Lataste.)

48 « Sous le pontificat de Pie IX, *d'épaisses ténèbres*, pestilentielles, horribles, peuplées de visions effrayantes, envelopperont la terre *pendant trois jours*. Tous les ennemis, cachés ou apparents, de la sainte Eglise périront pendant ces ténèbres, à l'exception de quelques-uns qui se convertiront... L'air sera alors empesté *par les démons*

qui apparaîtront sous toutes sortes de formes hideuses...
Les cierges bénits préserveront de la mort, ainsi que les
prières à la très-sainte Vierge et aux saints Anges. »
(Proph. d'Anna-Maria Taïgi.)

49. « Aussitôt que le saint Apôtre (saint Pierre : suite
de la Vision de 1820) eut mis en lieu de sûreté le troupeau
de Jésus-Christ, il remonta au ciel, accompagné des
anges. A peine eurent-ils disparu, que le *ciel se couvrit
de nuages si sombres et si épais* qu'il était impossible de
le regarder sans en être effrayé. Tout à coup il s'éleva un
vent violent et impétueux dont le sifflement ressemblait
aux rugissements d'un lion en fureur. La terreur et
l'effroi se répandront parmi les hommes et jusque parmi
les animaux. »

« *Tous les hommes seront en révolte ; ils se tueront mutuellement et se massacreront sans pitié. Pendant ce combat sanglant*, la main vengeresse de Dieu sera sur ces malheureux, et par sa puissance il punira leur orgueil et leur témérité. Il se servira du pouvoir des ténèbres pour exterminer ces hommes sectaires et impies, qui voudraient renverser la sainte Eglise et la détruire jusque dans ses fondements. Par leur malice audacieuse, ces hommes iniques prétendent faire descendre Dieu de son trône suprême ; mais il se rira de leur astuce et, *par un signe de sa main puissante*, il punira ces perfides et ces blasphémateurs, en permettant aux puissances ténébreuses de sortir de l'enfer. *D'immenses légions de démons* parcourront alors le monde entier, et par les grandes ruines qu'ils causeront, ils exécuteront les ordres de la justice divine. Ils s'attaqueront à tout, et nuiront aux hommes, aux familles, aux propriétés, aux substances, aux cités, aux villages, aux maisons, et rien de ce qui est sur la terre ne sera épargné, Dieu permettant que ces sycophantes soient châtiés par la cruauté des démons et punis d'une mort tragique et barbare, parce qu'ils se seront soumis volontairement au pouvoir infernal, et qu'ils se seront alliés avec lui contre l'Eglise catholique. Afin que mon pauvre esprit fût bien pénétré de ce sentiment de la justice divine, on me montra l'horrible prison. Je vis alors s'ouvrir, dans les profonds abîmes de la terre, une sombre et effrayante caverne pleine de feu et d'où sortaient une multitude de démons qui, ayant pris la forme d'hommes et de bêtes, venaient infecter le monde, ne laissant partout que massacres et que ruines. Heureux les bons et véritables catholiques! Ils auront pour eux la puissante protection des saints apôtres Pierre et Paul, qui veilleront sur eux, afin qu'il ne leur soit fait aucun dommage, ni dans leur personne, ni dans leurs biens.

« Les mauvais esprits dévasteront tous les lieux où Dieu aura été outragé, blasphémé et traité d'une manière sacrilége. Ces lieux seront ruinés et anéantis, et il n'en restera aucun vestige. » (Proph. de la V. Elisabeth Canori-Mora.)

50. « Les choses arriveront au comble (a dit le V. Père en 1849) et quand *tout semblera perdu*, et que la main de l'homme ne pourra plus rien, *c'est alors que Dieu y mettra la sienne, et arrangera toutes choses* en un clin d'œil, comme du matin au soir. Chacun en éprouvera une telle joie dans son cœur, qu'il lui semblera goûter les joies du Paradis; et *les impies eux-mêmes* ne pourront s'empêcher de confesser que tout cela est fait *par la main de Dieu*. » (Déposition au procès de béatif., sous la foi du serment, de Joseph Caperoni, Romain.)

« Il viendra un grand fléau : il sera terrible et *dirigé*

uniquement contre les impies. Ce sera un fléau tout nouveau, et tel qu'il n'y en aura point eu jusqu'ici dans le monde, et il sera si terrible que ceux qui lui survivront s'imagineront être les seuls qu'il ait épargnés. Tous seront bons et repentants. Ce fléau sera *instantané, momentané,* mais terrible. Gardez-vous bien de croire quiconque s'avisera de vous dire quel genre de fléau menace le monde, parce que ce sera une chose nouvelle que Dieu n'a révélée à personne, et dont il s'est réservé le secret. » (Déposition au procès de béatification, sous la foi du serment, de la Sœur Marguerite-Marie Laudi, Religieuse de Saint-Philippe, pénitente du V. Père, et aujourd'hui âgée de 82 ans.) (Proph. du V. Père Bernard Marie-Clauti.)

51. « Quand la *grande crise arrivera*, il n'y aura rien à faire, sinon de rester où Dieu nous aura mis et d'y persévérer dans la prière. » (Proph. du Père Necktou.)

*
* *

Dans cette confusion politique et tous ces troubles, les révolutionnaires de la pire espèce, les affiliés de l'Internationale croîtront en nombre et en puissance. Ils seront les maîtres pendant quelque temps. Leurs effroyables agissements forceront tous les vrais conservateurs à se concerter et à réunir leurs forces contre eux. Il n'y aura plus alors que *deux partis* : le parti de l'ordre, le moins considérable, et le parti du désordre, le plus nombreux. Luttes terribles, faisant verser des flots de sang.

Grand combat, décisif. Les bons sont sur le point d'être écrasés : *tout est perdu!* Mais, ô puissance de Dieu! un secours d'en haut fait périr la plus grande partie des méchants. Le parti du désordre est anéanti : tout est sauvé!

— De quelle nature sera ce secours d'en haut, cette intervention divine ? Un orage épouvantable, aux proportions inconnues jusqu'alors, dit la Religieuse de Blois. Un petit jugement dernier, disent le Père Necktou, le Vénérable curé d'Ars et la Sœur Marianne. Secousses violentes et un tremblement de terre affreux qui engloutiront des villes et des quantités considérables d'hommes, disent Jean de Vatiguerro, Marie Lataste et la prophétie de Prémol. Un brouillard impénétrable, ajoute l'humble Religieuse du Sacré-Cœur. D'épaisses ténèbres, horribles, pestilentielles, peuplées de visions effroyables de démons, annonce Anna-Maria Taïgi. Un fléau tout nouveau, terrible, universel (dont tous les autres ne seraient que l'accompagnement), prédit le Vénérable Bernard Clauti. Toutes ces choses arriveront en même temps, ou successivement, seront si effroyables et tomberont avec tant d'à-propos sur le parti et l'armée des méchants que les plus incrédules seront forcés de dire : Le doigt de Dieu est là !

Il est à croire, d'après ce que disent plusieurs prophéties, que ces manifestations de la colère et de la puissance de Dieu auront lieu à la même époque en France et à Rome. Anna-Maria Taïgi aurait, assure-t-on, conseillé aux fidèles de se munir de cierges bénits avant le temps de ces catastrophes, parce que leur lumière seule brillera pendant ces « ténèbres » au milieu desquelles aucune autre lumière ne pourra éclairer. Quelques-uns avaient pensé que ces « ténèbres », ne seraient que morales ; mais ce sentiment ne s'accorde point avec la recommandation d'Anna-Maria : peut-être n'affligeront-elles que Rome et l'Italie. Cependant Marie Lataste parle aussi pour la France d'un « brouillard impénétrable de nuages ».

— Quel chef conduira au grand combat les soldats du parti de l'ordre ? Les prophéties n'en parlent pas. Ce qui paraît certain, c'est que ce ne sera point Henri V. La Religieuse de Blois le dit formellement : « *Le Prince ne sera pas là ; on ira le chercher* » (voir n° 145). La prophétie d'Orval suppose la même chose : on l'appellera : « *Venez, jeune prince ; oyez (écoutez notre appel), venez* » (n° 139). D'après la prophétie de Blois, le grand combat se donnerait vers le Nord, peut-être aux environs de Paris. Les courriers dont elle parle viennent en effet du Nord : l'un de Châteaudun ou de Vendôme, allant à cheval vers Bourges, et l'autre d'Orléans, par le chemin de fer, se dirigeant sur Tours.

— M. Torné prédit aussi un terrible combat qu'il place dans les prairies d'Alein et de Varneigne près de la Durance, dans les environs d'Avignon.

« Après l'événement de Biarritz, dit M. le curé de
« Saint-Denis, les révolutionnaires déploient le drapeau
« rouge à Paris. Henri V arrive tout à coup, débarque à
« Marseille et déploie le drapeau blanc. Marseille se
« déclare pour lui. Trois armées se forment : celle d'un
« Orléans, celle de Henri V et celle de Napoléon IV qui
« passe dans le Midi, attaque le comte de Chambord
« dans le lieu indiqué plus haut. Napoléon IV est battu.
« Henri V s'empare d'Avignon qu'il déclare capitale du
« royaume. Sédition dans l'armée impériale : le jeune
« empereur est assassiné : son père meurt de remords
« et de douleur. La France crie alors : Tout est perdu !
« Dieu répond : tout est sauvé. Mac-Mahon offre son
« épée à Henri V ; une partie de l'armée impériale se rallie
« au roi ; l'autre (avec le cousin de Napoléon sans doute)
« passe en Italie où un gendre est témoin de l'assassinat

« de son beau-père (Victor-Emmanuel). Les d'Orléans
« s'effacent; le Midi de la France est conquis. Révolution
« en Allemagne. Henri V profite de la circonstance :
« Mac-Mahon bat les Prussiens et les jette dans le Rhin.
« L'Alsace et la Lorraine reprennent le drapeau blanc.
« Henri V n'a plus contre lui que Paris dont il fait le
« siége pendant sept mois, qui se rend, et n'est pas
« détruit. Fin de la « guerre civile ». (Voir *Lettres du
grand prophète*, *passim*, et *Portraits prophétiques*, p. 50
et 51 et suivantes.)

Tout cela n'est pas mal imaginé. Si ces prévisions viennent à se réaliser, on démontrera à grand renfort d'érudition, par le procédé connu, que tout, jusqu'aux virgules, a été annoncé, il y a trois cents ans, par Nostradamus. Il me semble cependant que, dans de précédentes interprétations, M. Torné avait fait prédire à Nostradamus que la France appellerait Henri V, qu'on irait le chercher et que Mac-Mahon serait député pour cette glorieuse mission. Ce n'est plus cela, maintenant. Henri V vient tout seul, de lui-même. La politique n'ayant pas tourné comme il l'avait d'abord cru, M. le curé de Saint-Denis a *retourné* le quatrain. Preuve de plus qu'on fait dire à l'astrologue ce que l'on veut. Pour sa part, M. Torné ne s'en gêne pas, et ses imitateurs non plus.

— Cette espèce de prophétie touchant le retour d'Henri V aura l'avantage de plaire à beaucoup de gens, parce qu'il n'est question ni d'intervention divine, ni de miracles. Un grand nombre de lecteurs, même qui ne sont point esprits forts, n'ont rien tant à cœur que de pouvoir se passer de Jésus-Christ, de ses miracles, de sa providence sur son Église et sur le monde. Ils admettent volontiers la prophétie, à condition de croire, à l'exemple des rationalistes d'Allemagne, que c'est un don purement naturel, venant de Dieu, sans doute, mais comme tout ce que notre nature possède. Aussi Nostradamus, interprété par la méthode Torné, est leur homme, et fera bien leur affaire aux uns et aux autres, plus tard. C'est là le danger, que nous avons signalé, et qui est à craindre si Dieu ne permet pas quelque grand *fiasco* du « *grand prophète* » et de ses commentateurs.

LETTRE XI.

RUINE COMPLÈTE DE PARIS.

52. « L'Église universelle et le monde entier gémiront sur la prise, la spoliation, la dévastation de la plus illustre et de la plus fameuse cité, capitale et maîtresse de tout le royaume des Français. » (Proph. de J. de Vatiguerro au 13me siècle.)

53. « Avant que ce pasteur (successeur de Pie IX, *lumen in cœlo*) ait établi son empire, que celui qui n'a point fléchi devant Baal fuie du milieu de Babylone, dit l'Esprit. Que chacun ne pense qu'à sauver sa vie, parce que voici le temps où le Seigneur doit, par la grandeur de ses vengeances, montrer la grandeur des crimes dont elle est souillée; il va faire retomber sur elle les maux dont elle a accablé les autres... Ville impie, désolatrice des peuples, meurtrière de ses prêtres, de ses rois et de ses propres enfants! Toutes les nations ont bu du vin de sa fureur. *Mais en un moment Babylone est tombée et elle s'est brisée dans sa chute*, a dit l'Esprit. » (Proph. de Jérôme Botin, en 1410.)

54. « Dans *Lutetia*, la Seine rougie par sang, suite

de combats à outrance, étendra son lit par ruine et mortalité. » (Proph. d'Olivarius, en 1542.)

55. « Malheur à toi ! grande ville !... Le feu t'a égalée à la terre... La place du crime est purgée par le feu. » (Proph. d'Orval, en 1544.)

56. « Durant ce bouleversement, *Paris sera entièrement détruit*, tellement que lorsque, vingt ans après, les pères se promeneront avec leurs enfants dans ses ruines, ceux-ci leur demanderont ce que c'est que cet endroit, ils répondront : « Mon fils, il y avait là une grande ville que Dieu a détruite à cause de ses crimes... » Paris sera détruit, mais ce sera de façon qu'il paraisse d'abord des signes qui mettront les bons à même de s'enfuir. » (Proph. du Père Necktou, en 1760.)

57. « Jérusalem, Jérusalem (le clergé et les fidèles), sauve-toi *du feu de Sodome, de Gomorrhe et du sac de Babylone.* » (Proph de Prémol, avant 1789.)

58. « Le jour de la justice est venu... Quel affreux moment ! Les bons, les méchants tombent ! *Babylone est réduite en cendres !* Malheur à toi, ville maudite ! » (Proph. de la Religieuse de Belley, en 1810.)

59. « Pendant ces malheurs terribles qui doivent fondre sur la France, *Paris sera détruit, tellement détruit que la charrue y passera.* » (Proph. de l'abbé Souffrant, en 1817.)

60. « Dans une de ces régions (ténébreuses), je crus apercevoir une grande ville qui était particulièrement adonnée au vice et dont le sol était tout miné. Une multitude de démons y activaient l'œuvre de destruction ; leur travail souterrain était déjà fort avancé, et la cité me parut sur le point de s'effondrer aux endroits où s'élevaient les plus grands édifices. Je me suis souvent laissé aller à penser

que *Paris était menacé d'une ruine inévitable :* j'y vois tant de cavernes souterraines ! Mais elles ne sont pas ornées de statues comme les catacombes de Rome. » (Proph. d'Anne-Catherine Emmerich, vers 1818-24.)

61. « Le jour des Rois 1820... je me trouvai transportée dans un lieu si vaste qu'il me parut renfermer tout l'univers. Je vis pour la seconde fois ces deux grands arbres dont j'ai déjà parlé, mais ils me parurent bien plus grands que la première fois ; ils avaient des branches d'une étendue immense, mais ces branches étaient penchées vers la terre et paraissaient demi-mortes.

« J'entendis des voix nombreuses qui criaient d'un ton horrible..... J'entendis bien distinctement ces mêmes voix qui disaient : *Nous sommes vainqueurs, nous avons la victoire !* Au moment où les voix prononçaient ces paroles, tout d'un coup je vis que *le ciel devint une profonde nuit ; je n'avais jamais rien vu de si obscur.* Cette obscurité fut accompagnée d'un tonnerre, ou plutôt il me semblait que le tonnerre venait à la fois des quatre parties de la terre... Le ciel devint tout en feu, il lançait de toutes parts des flèches enflammées ; il se faisait un bruit si terrible, qu'il paraissait annoncer la ruine entière du monde. J'aperçus alors un gros nuage rouge couleur de sang de bœuf ; ce nuage roulait de tous côtés, et me donnait bien de l'inquiétude, ne sachant ce qu'il signifiait.

« Cependant j'aperçus une multitude d'hommes et de femmes qui avaient des figures à faire peur ; ils se livraient à toutes sortes de crimes ; ils vomissaient des blasphèmes horribles contre ce qu'il y a de plus sacré au ciel et sur la terre.....

« Le tonnerre grondait toujours dans les airs d'une

manière effrayante, lorsque j'entendis une voix qui me dit : « Ne crains point : mon courroux tombera sur ceux qui ont allumé ma colère ; ils disparaîtront dans un moment. Tout l'univers sera étonné d'apprendre la *destruction de la plus belle, de la plus superbe ville!* Je dis superbe par ses crimes. Je l'ai en abomination. Les deux arbres que tu vois, c'est elle qui les a enfantés ; leurs branches représentent toutes les nations qu'elle a empoisonnées par sa malheureuse philosophie qui répand partout l'impiété. C'est cette maudite Babylone qui s'est enivrée du sang de mes saints ; elle veut encore le verser, et dans peu celui d'un prince [1]..... Elle mettra le comble à ses terribles forfaits, et moi, je lui ferai boire le vin de ma colère ; *tous les maux tomberont à la fois sur elle et dans un seul instant.* »

« Je n'entendis plus la voix, mais un bruit effroyable ; le gros nuage se divisa en quatre parties qui tombèrent à la fois sur la grande ville, et *dans un instant elle fut toute en feu.* Les flammes qui la dévoraient s'élevèrent dans les airs, et de suite je ne vis plus rien, *qu'une vaste terre noire comme du charbon.* » (Proph. d'une ancienne Religieuse Trappistine, en 1820.)

62. « *Paris périra*, les bêtes elles-mêmes n'en approcheront plus... mais ils diront : « *Il y avait des souterrains sous Paris, et le feu s'y est mis*, et ils s'endurciront. » (Proph. de la Religieuse de Lyelbe, vers 1823.)

63. « Paris (dit Notre-Seigneur), torrent impétueux de vices et d'iniquités, ô Paris, ville exécrable, depuis longtemps tu mérites mon indignation ; et si je n'ai point fait tomber sur toi les flots de ma colère, c'est par un effet de miséricorde. J'ai arrêté mon bras vengeur déjà

---

1. Le duc de Berry.

prêt à s'appesantir sur toi. J'ai épargné la multitude innombrable des pécheurs pour ne point frapper les justes Tes habitants te maudiront un jour, parce que tu les auras saturés de ton air empesté, et ceux à qui tu auras donné asile te jetteront leurs malédictions, parce qu'ils auront trouvé la mort dans ton sein. » (Lettre 84. t. III. p. 412. 1re édition. Proph. de Marie Lataste, 2 mai 1844.)

64. « Paris est coupable, bien coupable, parce qu'il a récompensé un méchant homme qui a écrit contre la divinité de Jésus-Christ [1].... *Paris, foyer de vanité et d'orgueil, qui pourra t'empêcher de périr*, si des prières ferventes ne montent vers le cœur du divin Maître? « (Lettre de Mélanie à sa mère 11 septembre 1870.) *Paris sera un jour effacé* (a dit Mélanie en 1854). Paris sera saccagé. *Paris sera brûlé* (secret de Mélanie, lettre à l'abbé F. Bliard. — Proph. de la Salette en 1846.)

65. « Cette nuit obscure, dit Notre-Seigneur, dont tu te trouves enveloppée, représente l'aveuglement d'esprit et l'endurcissement du cœur dans lesquels sont plongés les habitants de la grande ville surtout. Mais écoute et regarde : un bruit sourd et semblable à celui du tonnerre s'est fait entendre. Aussitôt, à la lueur des éclairs et des flammes, l'extatique vit *Paris qui brûlait, et un personnage étendu mort sans sépulture.* Ceci arrivera bientôt, dit Notre-Seigneur. Malheur aux riches! Malheur aux prêtres! Quand on apprendra la mort de ce personnage, qu'on fuie, qu'on se cache, c'est le jour de ma justice. » (Proph. de Grenoble en 1853.)

66. « Paris sera détruit. » (Proph. du curé d'Ars en 1859.)

[1]. Renan.

Vous venez d'entendre les voix prophétiques qui successivement, depuis le 13ᵉ siècle jusqu'à nos jours, ont fait retentir les menaces de la colère de Dieu contre la Babylone moderne. Comment s'accomplira ce terrible événement? Sera-ce seulement par la main des hommes ? Ou bien le ciel, par la grande catastrophe, interviendra-il pour achever ce que les hommes ont commencé? Par l'un et par l'autre sans doute.

Un troisième siége est possible. M. Torné affirme qu'il aura lieu et durera sept mois. Par qui? Par l'armée de l'ordre peut-être. Par Henri V, répond M. le curé de Saint-Denis. Il ne faut pas croire, ajoute-t-il, à une complète destruction de Paris. — Cette ville peut, il est vrai, n'être pas absolument détruite. Mais il est difficile de supposer qu'elle reste la cité « *immesurée* » : les textes prophétiques sont trop formels, n'en déplaise à Nostradamus. Mais, comme semble l'insinuer Olivarius, qui, après avoir appelé Paris « *la grande ville* » la nomme « *Lutetia* », Paris serait « dépouillé de tout ce qu'il renferme de grand, « de magnifique, de glorieux et rentrerait dans les étroites « limites des siècles de barbarie ». Les ruines seraient amoncelées, et avec les années s'amoncelleraient de tous côtés; on y ferait passer la charrue : il ne resterait que l'antique Lutèce.

LETTRE XII.

FLÉAUX QUI FRAPPERONT LA FRANCE ET LE MONDE PENDANT LES BOULEVERSEMENTS POLITIQUES ET SOCIAUX.

67. « L'univers entier sera en proie à des tribulations et des misères... grandes et nombreuses...

Les fruits de la terre diminueront ; tantôt les plantes

manqueront d'humidité, et tantôt les semences pourriront dans les champs, et les germes qui sortiront ne donneront pas de fruit... L'air sera infecté et corrompu à cause de la malice et de l'iniquité des hommes... Le cours naturel de l'air sera presque partout changé et perverti *à cause des maladies pestilentielles*. Les hommes, *aussi bien que les animaux*, seront frappés de diverses infirmités et de mort subite ; il y aura une *peste inénarrable*. *Une étonnante et cruelle famine* désolera l'univers et surtout l'Occident ; jamais, depuis le commencement du monde, on n'aura entendu parler d'une telle famine. »

« Plusieurs villes et plusieurs forteresses, situées sur le Pô, le Tibre, le Rhône, le Rhin et la Loire seront renversées par des *inondations extraordinaires* et *par des tremblements de terre.* » (Proph. de J. de Vatiguerro.)

68. «Le cinquième âge est un âge d'affliction, de punition, de défection... Car c'est dans cet âge que Jésus-Christ a épuré et épurera son froment par des guerres cruelles, par des séditions, *par la famine et la peste et d'autres calamités horribles...*

« Ce cinquième âge est un âge d'affliction, un âge d'extermination, un âge de défection rempli de calamités. Car il restera peu de chrétiens sur la terre qui auront été épargnés *par le fer, la famine ou la peste*. Les royaumes combattront contre les royaumes, et tous les États seront désolés par les dissensions intestines. Les principautés et les monarchies seront bouleversées ; il y aura un appauvrissement presque général et une très-grande désolation dans le monde. Ces malheurs sont déjà accomplis ; ils s'accompliront encore. » (T. 1er, p. 154 et 157 : Proph. du V. Holzhauser.)

69. « *La famine, la peste et des tremblements de terre* dévasteront plusieurs cités. » (Proph. Augustinienne.)

70. « Les armées d'invasion ont amené la *mort noire* dans le pays. Ce que la guerre épargne, *la peste* le dévore. A cette époque plusieurs pays seront tellement dépeuplés qu'il faudra monter sur un arbre pour apercevoir au loin quelque habitant. » (Proph. allemandes).

71. « *Le feu, le sang, la faim*, tout l'enfer. » (Proph. d'une Religieuse de Belley.)

72. « Tout est deuil et mort, et *la famine* est aux champs. » (Proph. de Prémol.)

73. « La guerre sera suivie de *la famine*. » (Proph. de Blois.)

74. « Si vous avez du blé, dit la Sainte Vierge aux enfants de la Salette, il ne faut pas le semer. Tout ce que vous semerez, les bêtes le mangeront; ce qui viendra tombera tout en poussière quand vous le battrez. Il viendra une *grande famine*. Avant que la famine ne vienne, les enfants au-dessous de sept ans prendront un tremblement et mourront entre les mains des personnes qui les tiendront, et les autres feront pénitence *par la famine*. »

— « Les fléaux dont a parlé le plus souvent Mélanie sont les guerres, *la famine*, l'effusion du sang, les incendies, le saccagement des villes. »

— « Au premier coup de son épée foudroyante (de Dieu) les montagnes et la nature trembleront d'épouvante parce que les crimes et les désordres des hommes percent la voûte des cieux. La terre sera frappée de toutes sortes de plaies (entre autres, *la peste et la famine* qui seront générales)[1]... Marseille sera engloutie... Plusieurs grandes villes seront ébranlées et englouties *par les tremblements de*

---
1. Explications données par Mélanie.

terre. » (Secret de Mélanie, lettre à l'abbé F. Bliard : Proph. de la Salette).

75. « La seconde ville du Royaume (de France) sera frappée.... Un troisième sera frappée. » (Proph. d'une Religieuse de Lyelbe.)

76. « Deux ou trois autres villes (de France) seront détruites ». (Proph. du curé d'Ars.)

⁎
⁎ ⁎

Ces fléaux doivent frapper tout l'univers, disent Holzhauzer et J. de Vatiguerro. D'après le sens général des textes prophétiques, ils séviraient non-seulement pendant le temps des plus grands bouleversements, mais encore pendant toute une période antérieure. Or si nous donnons à cette période une trentaine d'années environ de durée, si nous la faisons partir de l'apparition de la Salette, quel terrible accomplissement des prophéties, rien que pour la France toute seule ! Que de fléaux depuis 1846 ! Inondations désastreuses et presque périodiques du Rhin, du Rhône, de la Saône et de la Loire surtout, choléra, épidémies, maladies de toutes sortes, inconnues de nos pères. Les *fruits de la terre n'ont-ils pas diminué* dans une inquiétante proportion ? Les pommes de terre et la vigne ont été atteintes d'un mal que la science n'a pas encore défini, et qui, combattu sous un nom et d'une manière, reparaît sous une autre forme, demandant de nouvelles études et de nouveaux remèdes [1]. Et pendant ce temps-là les plantes périssent, et les produits diminuent. Que de fois les récoltes de blé ont été

---

1. Pour la vigne, d'abord l'oïdium, champignon microscopique, et maintenant la *phyloxera vastatrix*, puceron imperceptible. (Voir *Univers quotidien* du 20 février 1872.)

insuffisantes? Que de fois il a fallu recourir à d'autres contrées plus favorisées? Et, malgré l'activité du commerce et la quantité des importations, malgré tous les efforts de l'assistance publique et de la charité privée, « la statistique a établi qu'en France, plus de *soixante-dix mille* personnes sont mortes en 1854, et *quatre-vingt mille* en 1855, par suite de la médiocrité de la récolte et de la cherté du pain! »

Les animaux n'ont point été plus épargnés que les hommes : vers à soie, bœufs, porcs, moutons, etc., tous ont passé, en nombre considérable, et sont encore sous les coups de l'épizootie [1].

La guerre à son tour, dans cette période, qui devait s'écouler, disait-on, sous « l'empire de la paix », la guerre, en Crimée, en Italie, en Chine et au Mexique, a décimé nos soldats.

— Si maintenant nous arrêtons nos regards sur les deux seules années 1870 et 1871, nous voyons toute une série de fléaux terribles qui doit nous faire trembler pour l'avenir, puisque Mélanie nous assure que les malheurs que nous avons éprouvés déjà ne sont *rien* en comparaison de ce qui nous attend.

La Religieuse de Belley nous menace *du feu, du sang, de la faim*; Vatiguerro, de peste, de famine, de tremblements de terre, d'inondations.

Quelles années *de feu* que 1870 et 1871 ! Rappelons pour mémoire ce furieux ouragan de feu que la guerre de Prusse et la Commune ont fait passer sur la France et sur Paris ; notons les explosions de Vincennes et de Saint-Mandé, les incendies qui ont eu lieu à Nancy, à

---

1. En Belgique et dans le Nord de la France surtout. (Voir *Univers quotidien*, nos des 1er, 20 et 22 février 1872.)

Bourges, à Périgueux, à Saintes, à Marseille, à Nantes, etc., les incendies dans les départements, qui ont dévoré des bourgs et des villages entiers, et bien d'autres de moindre importance. Signalons l'incendie de la Pointe-à-Pitre qui a presque entièrement consumé cette ville, et, en Algérie, les incendies des forêts allumés par les Arabes [1]. Pour le reste du monde, comptons : les incendies terribles de Constantinople ; en Russie, les incendies formidables qui ont ravagé tout le pays entre Kiew et la Crimée, et détruit presque entièrement la ville de Rusuluk où 800 maisons et tous les établissements publics ont été brulés ; l'incendie du célèbre château de Warwick en Angleterre ; les incendies à Lisbonne, à Frisbourg, à Genève ; en Italie, des incendies continuels et sur tous les points, qui la couvrent de ruines [2] ; enfin aux États-Unis, les épouvantables incendies qui ont ravagé en tous sens les États du Wisconsin et du Michigan, brûlé presque entièrement la grande ville de Chicago où près de *vingt mille maisons*,

---

1. Le fléau de l'incendie continue en France. Les feuilles publiques nous apportent la nouvelle de trois incendies effroyables qui ont eu lieu dans le mois de février : au village de Jurvielle (Haute-Garonne) qui a été consumé en trois quarts d'heure ; 85 édifices ont été détruits ; il n'est resté debout que l'église, sauvée comme par miracle, et deux maisons ; 130 personnes n'ont plus ni asile, ni ressources ; à Saissy (Nièvre) où 17 corps de bâtiments ont été dévorés par les flammes ; et à Rochefort-en-Montagne (Puy-de-Dôme) où 62 maisons ont été réduites en cendre.

2. Le correspondant de l'*Univers* (1er février 1872) lui écrit de Florence, à la date du 27 janvier : « L'autre soir... un incendie... détruisait deux grandes maisons et mettait sur la paille 80 familles... Depuis quelques semaines je ne vous parle plus de cette terrible épidémie de la destruction par le *feu* qui nous envahit et qui ravage toute l'Italie. Ce n'est pas qu'elle ait cessé de sévir, c'est au contraire que les incendies se sont tellement multipliés qu'on ne peut plus en poursuivre la triste énumération. »

occupant environ une lieue carrée, ont été réduites en cendres ; anéanti, en ne laissant que des ruines fumantes, les villes de Manistel, Pesthego, Green-Bay et un grand nombre de villages, et fait des milliers de victimes ; au Canada, toutes les rues d'un immense quartier de la ville de Vindsor-sur-Ontario, et les grandes forêts des environs de cette ville ont été détruites par le feu, qui, dans les îles Canaries, a dévoré aussi les forêts des montagnes. Mentionnons en passant les fréquentes explosions dans les mines de houille en Angleterre et en France, les déraillements suivis d'incendie sur les voies ferrées, et les incendies de plusieurs navires en mer.

Quelles années de feu !

Quelles années de sang ! Dans la guerre avec la Prusse, affirme le *Siècle* sur renseignements exacts, nous avons eu quatre-vingt-neuf mille hommes tués et un nombre bien plus considérable de blessés. Qu'a coûté la répression des communeux et des Arabes ?... Que de morts par la guerre !

Et que de morts aussi par les épidémies ! La petite-vérole a ravagé presque toute la France et la Prusse ; le choléra a sévi terriblement en Perse, en Russie et en Turquie ; il sévit encore dans ces contrées ; la fièvre jaune a fait des ravages désolants dans la Floride (États-Unis) ; la lèpre a reparu en Espagne.

La famine dans toutes ses horreurs n'a pas encore atteint l'Occident ; mais elle décime d'une manière affreuse, depuis près d'une année, le malheureux royaume de Perse. C'est par plusieurs centaines que meurent chaque jour les habitants des villes les plus riches. A Meschid, capitale de la province de Korestan, ville de cent vingt mille âmes, *quatre-vingt mille* personnes sont mortes de faim [1] ! On a parlé de pères et de mères qui auraient dévoré leurs enfants [2].

Les tremblements de terre ont renversé plusieurs villes d'Italie en 1870. Cette même année, le 11 avril et les jours suivants, d'horribles secousses se sont fait sentir à Beethang en Chine, jetant par terre de fond en comble une grande partie de cette ville et en particulier presque tous les temples des idoles, les temples du Bouddhisme. Trois mille personnes ont été tuées, et les désastres se sont étendus à l'Est et à l'Ouest à plus de cent milles de distance [3].

En mai de l'année 1871, un tremblement de terre aux îles Philippines, accompagné d'éruptions volcaniques, a fait périr plusieurs centaines de personnes. Une plaine d'une surface assez considérable s'est affaisée, et dans sa place a paru le cratère d'un volcan dont les éruptions de lave enflammée ont consumé les forêts voisines.

Le 7 août, l'île de Java a été bouleversée par un épouvantable tremblement de terre. Le mont Ternate a vomi des torrents de lave. Les pertes matérielles ont été immenses.

Au Pérou, au mois d'octobre, un tremblement de terre a détruit complétement les villes de Pica et de Matilla, et a causé des dégâts énormes dans cinq ou six villes sur les côtes de ce pays [4].

---

1. *Univ. quotid.* 23 novembre 1871, d'après le *Morning-Post*.
2. « A la suite de la famine qui a désolé la Perse, la peste vient d'éclater dans toute l'étendue de ce pays. Le ministre des affaires étrangères de Turquie vient de prévenir tous les gouvernements européens d'avoir à prendre leurs précautions et de surveiller avec soin tout ce qui pourra arriver directement de la Perse ». *Monde*, 18 février 1872.
3. *Univ. quot.*, 5 août 1871.
4. On écrit de Southampton, le 27 janvier 1872 : « Les nouvelles

Souvenons-nous des inondations du Rhin, du Pô, en 1870 et surtout de celle du Tibre dans les derniers jours de cette année, qui a occasionné tant de calamités à Rome et dans les campagnes environnantes. C'était quelques mois après la prise de la ville par l'armée piémontaise, et quelques jours avant l'entrée de l'usurpateur violent et sacrilége, Victor-Emmanuel.

Dans l'année 1871, en août, aux Antilles danoises, une effroyable tempête d'eau et de vent a détruit une partie de la ville de Saint-Thomas.

Au mois de septembre suivant, une crue extraordinaire et soudaine de la rivière Gunti a inondé la ville indienne de Jounpore, renfermant environ neuf mille maisons et vingt-cinq mille habitants. Près de trois mille maisons ont été emportées par les eaux. Plus de dix mille personnes se sont trouvées sans asile. Les pertes sont incalculables.

Dans l'île de Sainte-Hélène, au même mois, une inondation terrible a englouti quantité d'habitations, noyé beaucoup de monde et mis cinq cents personnes sans abri.

Dans la Floride, encore en septembre, une province s'est totalement et presque subitement effondrée dans un gouffre immense sous l'action d'eaux souterraines qui ont fait irruption.

du Chili portent que la ville d'Oran a été détruite par un tremblement de terre. » « Cette ville avait 8,000 habitants et de très-solides constructions. » (*Courrier de la Vienne* des 9 et 30 janvier 1872, et *Univers*, 5 février.)

— On mande de Saint-Pétersbourg le 29 janvier 1872 : « La ville de Chamochi, dans le Chirvan (Russie méridionale), a été presque entièrement détruite par un violent tremblement de terre. Peu de maisons sont restées debout. Beaucoup de personnes ont péri. » (*Univers*, 3 février 1872.)

Enfin, en Espagne, dans la province d'Alméria, la petite rivière Andarax, dont le lit est habituellement à sec, gonflée pendant les derniers mois de l'année par des pluies torrentielles et continuelles, a débordé d'une manière extraordinaire et ravagée tout le pays dans son parcours. La ville d'Alméria a été inondée complétement; des rues entières se sont abîmées; de nombreux habitants ont péri [1].

— Ce résumé rapide, et sans nul doute incomplet, n'est-il pas terrifiant? Si les détails étaient donnés, on ferait des volumes en racontant les fléaux qui ont pesé sur ces deux années 1870 et 1871. On peut dire que pendant ces vingt-quatre mois, de tous les coins de la terre se sont élevés en même temps ou successivement les cris et les lamentations de l'épouvante, de la douleur, de la rage et du désespoir.

Nombre de nos lecteurs n'ont point songé sans doute qu'ils traversaient des jours calamiteux à ce degré. Si un prophète en 1869 leur avait annoncé tous ces malheurs pour les deux années suivantes, il est probable qu'à la fin de 1871 ils n'en auraient point tout d'abord reconnu l'accomplissement. La raison en est qu'ils n'ont éprouvé pour eux et pour le pays qu'ils habitent, qu'une part seulement de ces calamités.

Lorsque Dieu annonce à ses prophètes les châtiments dont il frappera à certaines époques le monde coupable, souvent il leur montre toute une période de l'avenir

---

1. La liste des fléaux de cette triste année se termine par la nouvelle que nous donne le *Globe* (3 janvier 1872): « Deux millions de personnes en ce moment meurent de faim en Chine par suite des inondations qui ont eu lieu dans la province de Tien-Sin et qui les isolent du reste du pays. » (*Courrier de la Vienne* 8 et 9 janvier 1872.)

comme en un seul et même tableau. Le *voyant* reproduit ces traits effrayants qui se touchent dans la vision : alors il semble à ceux qui lisent la prophétie que tous ces fléaux vont tomber en un seul temps de la durée et sur un seul point de l'espace. Mais dans la pensée divine ils devront être étendus sur plusieurs peuples. Quand arriveront les événements, on ne verra pas l'accomplissement de la prophétie si on ne refait pas en entier le tableau contemplé par le prophète. Il faudra donc rapprocher les différents traits de la vision, et faire attention pour ainsi dire à la perspective, aux plans divers de lieux et d'années qu'il ne s'est point attaché à déterminer.

Ainsi doivent être entendues et expliquées toutes les prophéties qui regardent une période en général : non-seulement celles qui annoncent une époque de châtiments, mais celles aussi qui prédisent des jours de triomphe et de paix. Il faut tenir compte des intervalles de temps et de lieux, des mélanges de bien et de mal que le Seigneur voudra mettre entre les événements douloureux ou consolants.

LETTRE XIII.

L'ÉGLISE ET ROME, PENDANT CE TEMPS.

77. « Toute l'Église dans tout l'univers sera persécutée d'une manière lamentable et douloureuse ; elle sera dépouillée et privée de tous ses biens temporels, et il n'y aura si grand personnage dans toute l'Église qui ne se trouve heureux d'avoir la vie sauve. Car toutes les églises et les monastères seront souillés et profanés, et tout culte public cessera à cause de la crainte et de l'emportement de la rage la plus furieuse... Les Religieuses, quittant leurs

monastères, fuiront çà et là, flétries et outragées. Les pasteurs de l'Église... chassés et dépouillés de leurs dignités et prélatures, seront cruellement maltraités....; et, pendant un court espace de temps, l'ordre entier du clergé restera dans l'humiliation... Car toute la malice des hommes retournera contre l'Église universelle ; et, par le fait, elle sera sans défenseur pendant vingt-cinq mois et, plus, parce que, pendant ce temps, il n'y aura ni Pape, ni empereur à Rome, ni régent en France. » (Proph. de Jean de Vatiguerro.)

78. Le cinquième âge est un âge d'affliction, de désolation, d'humiliation et de pauvreté pour l'Eglise............, (qui) se verra accablée et appauvrie par les impositions et les exactions des princes catholiques.... Elle est humiliée et avilie parce qu'elle est blasphémée par les hérétiques et les mauvais chrétiens ; ses ministres sont méprisés, et il n'y a plus pour eux ni honneur, ni respect. » (Tome Ier, p. 156 et 157 : Proph. du V. Holzhauser.)

79. « Persécutions populaires contre les prêtres, partout, même en France. Le peuple exaspéré contre eux en fera un massacre effroyable. Les habitants des campagnes leur témoigneront une haine furieuse. Les prêtres deviendront fort rares. » (Proph. Allemandes.)

80. « Les méchants auront bien l'intention de ruiner l'Église ; mais ils n'en auront pas le temps. » (Proph. du Père Necktou.)

81. « Les méchants voulaient exterminer tous les ministres de la religion de Jésus-Christ et tous les amis de la légitimité. Ils en avaient fait périr un grand nombre. » (Proph. d'une ancienne Religieuse Trappistine.)

82. « Il y aura de grandes persécutions contre l'Eglise

dans le monde entier et surtout en Italie. Les Ordres religieux et beaucoup de catholiques fervents seront dépouillés de leur biens ; des nobles seront jetés dans les cachots. On commencera, comme d'habitude, par les Jésuites. Les dignités ecclésiastiques seront bafouées et avilies ; quelques évêques, peut-être hors de l'Italie, abandonneront la foi ; mais le plus grand nombre resteront fidèles et souffriront beaucoup pour l'Église. » Rose Colombe se sert du mot « crucifiement » pour exprimer les douleurs de Pie IX. « Pendant cette persécution il y aura beaucoup de martyrs ; les prêtres et les religieux seront pris comme point de mire ; mais les méchants seront vaincus. » (Proph. de Sœur Rose Colombe.)

83. « Malheur aux riches ! Malheur aux prêtres !... Qu'on fuie, qu'on se cache ! » (Proph. de Grenoble.)

84. « Les prêtres et les religieuses de Blois en seront quittes pour la peur. » (Proph. de Blois.)

85. « Or, l'affliction viendra sur la terre, dit Jésus-Christ ; l'oppression règnera dans la cité que j'aime et où j'ai laissé mon cœur ; elle sera dans la tristesse et la désolation, environnée d'ennemis de toutes parts, comme un oiseau pris dans le filet. *Cette cité paraîtra succomber pendant trois ans et un peu de temps encore après.* » (Prophétie de Marie Lataste.)

86. « Que le Vicaire de mon Fils (dit la Sainte Vierge) ne sorte plus de Rome après l'année 1859 ; mais qu'il soit ferme et généreux ; qu'il combatte avec les armes de la foi et de l'amour : je serai avec lui...... Le Vicaire de mon Fils aura beaucoup à souffrir, parce que pour un temps l'Église sera livrée à de grandes persécutions ; ce sera le temps des ténèbres. L'Église aura une crise affreuse... En

Italie, les églises seront profanées ; les prêtres, les religieuses seront chassées ; on les fera mourir, et mourir d'une mort cruelle ; plusieurs abandonneront la foi. Le nombre des prêtres et des religieuses qui se sépareront de la vraie religion sera grand ; parmi ces personnes il se trouvera même plusieurs évêques [1]. Le Saint-Père souffrira beaucoup ; je serai avec lui jusqu'à la fin pour recevoir son sacrifice ; les méchants attenteront plusieurs fois à sa vie (politique)[2]. » (Secret de Mélanie, lettre à l'abbé F. Bliard.)

— « Le Pape prisonnier [3]... plusieurs religieux, évêques, cardinaux, martyrs ; persécution religieuse, un schisme, tempête violente, mais courte. » (Résumé des secrets de Mélanie donné par M. de L. : Proph. de la Salette.)

87. « Le chef suprême de l'Église *changera de résidence*, et ce sera un bonheur pour lui, ainsi que pour ses frères qui seront avec lui, s'ils peuvent trouver un lieu de refuge où chacun puisse avec les siens manger seulement le pain de la douleur dans cette vallée de larmes. » (Proph. de J. de Vatiguerro.)

88. « Rome perdra le sceptre par suite de l'obsession des pseudo-philosophes. Le *pape sera emmené en captivité* par les siens, et l'Église de Dieu subira le joug révolutionnaire ; de plus, elle sera spoliée dans ses biens temporels. Après peu de temps, le pape s'éteindra (*Post breve tempus papa deficiet*). » — (Proph. Augustinienne.)

89. « Grâce, grâce, Seigneur, pour Sion (Rome). Mais

---

1. Tel que l'évêque apostat Caputo.
2. Explication donnée par Mélanie.
3. Le texte ajoute : « et tué » ; mais la lettre de Mélanie et ses explications prouvent que Mlle de L... ou celui qui lui a résumé le secret n'avait pas bien compris.

vous êtes sourd à nos voix, et la montagne de Sion s'écroule avec fracas. La Croix du Christ ne domine plus qu'un monceau de ruines, et voici que le roi de Sion a cette croix et son sceptre et sa triple couronne, et, secouant sur les ruines la poussière de ses souliers, *se hâte de fuir vers d'autres rives.* » (Proph. de Prémol.)

90. « Ce n'est pas encore tout, Seigneur : votre Église est déchirée par ses propres enfants. Les fils de Sion se partagent en deux corps : *l'un fidèle au pontife fugitif, et l'autre qui dispose du gouvernement de Sion*, respectant le sceptre, mais brisant les couronnes, *et qui place la tiare sur une tête ardente*, qui tente des réformes que le parti opposé repousse ; et la confusion est dans le sanctuaire, et voici que l'arche sainte disparaît ; mais mon esprit et mes yeux s'obscurcissent à la vue de l'effroyable cataclysme. » (Proph. de Prémol.)

91. « La Révolution ira jusqu'à attenter aux jours de Pie IX ; mais au moment où l'assassin se précipitera sur le Souverain Pontife, une personne de sa suite s'interposera entre lui et l'assassin pour recevoir le coup ; mais Pie IX n'en sera pas moins légèrement blessé, et ce sera au moment même du crime que les choses changeront de face par une intervention visible du Seigneur. » (Proph. d'une Religieuse d'Autriche.)

92. « Ma Mère descendra dans la cité (Rome). Elle prendra les mains du vieillard assis sur un trône et lui dira : Voici l'heure, lève-toi. Regarde tes ennemis : je les fais disparaître les uns après les autres, et ils disparaîtront pour toujours. » (Proph. de Marie Lataste.)

93. « Avant que toutes ces choses arrivent (le châtiment des impies et le triomphe de l'Église), le mal

aura fait de tel progrès dans le monde qu'il semblera que les démons soient sortis de l'enfer, tant sera grande la persécution des méchants contre les justes qui auront à souffrir un véritable martyre. » (Déposition au procès de Béatification sous la foi du serment de la Sœur Marie-Marguerite Laudi, Religieuse de Saint-Philippe, pénitente du vénérable Père, âgée aujourd'hui de 82 ans : Proph. du Vénérable Père Bernard Marie Clauti.)

94. Anna-Maria a souvent annoncé cette grande persécution et ces troubles de l'Église ; et quand elle demandait à Dieu quels seraient ceux qui résisteraient à cette terrible épreuve, il lui fut répondu : « Ceux auxquels j'accorderai l'esprit d'humilité. » Elle a prédit aussi que :

« Sur la fin de son règne, Pie IX aurait le don des miracles et rentrerait dans la possession intégrale de tout le patrimoine de Saint-Pierre ; que son pontificat durerait vingt-sept ans et environ six mois ; que ceux de ses ennemis qui sont le plus acharnés contre le pouvoir temporel du Saint-Siége mourraient avant lui et ne verraient point ce glorieux triomphe. » (Proph. de la vén. Anna-Maria Taïgi.)

*
* *

Cette haine contre l'Église et le clergé, prédite il y a plusieurs siècles, n'est que trop évidente aujourd'hui. La haine populaire, ou au moins la défiance, se montre de tous côtés contre les ecclésiastiques. Elle n'a pourtant aucune raison d'être. Il n'est pas d'époque, je crois, dans l'histoire, où le clergé, à cause de son origine, de sa pauvreté, de son esprit de conciliation et de patience, de sa vie de dévouement et de sacrifices, ait offert si peu de prise à ces sentiments. Et néanmoins c'est le temps où il est plus calomnié et le plus haï. Les desseins des sociétés secrètes sont connus.

Quand Jean de Vatiguerro collationnait ses prophéties, on ne pouvait guère humainement se douter de l'état dans lequel nous voyons aujourd'hui le Souverain Pontife, les prélats et le clergé d'Italie et d'Espagne [1] ; où nous verrons bientôt aussi le clergé de France.

— D'après plusieurs prophéties, le Saint-Père sortirait une seconde fois de Rome et subirait un second exil. Ce serait bien la *croix* de la *croix* et *croix* sur *croix*. Les mêmes ennemis qui lui ont imposé la croix de l'exil, en 1848, l'obligeraient de porter cette croix nouvelle, amenée, comme la première, par la croix de Savoie. Le Pape paraît décidé à rester à Rome, dit-on. Mais pourra-t-il bien se maintenir longtemps dans une situation pareille ? Au point de vue moral ou physique — l'un et l'autre peut-être en même temps — elle peut devenir telle que, comme dit la prophétie de Prémol, il soit forcé de sortir, et, « *secouant la poussière de ses souliers, de se hâter de fuir vers d'autres rivages* », ou, selon les prédictions Augustiniennes, qu'il soit comme *emmené en captivité* par les siens, qui pour sauver sa vie l'obligeront de s'enfuir. Ce dernier texte serait problablement mieux

---

1. On lit dans la *Propaganda catholica*, journal espagnol :
« La situation des prêtres en Espagne, aussi bien dans les chapitres que dans les paroisses, est si triste, que ceux qui ne reçoivent pas de secours de leurs familles sont obligés de demander du travail à des journalistes, et ceux qui n'ont pas même ce moyen se voient dans la nécessité d'implorer la charité publique des fidèles. » (*Univers*, 24 janvier 1872.)

appliqué à la captivité actuelle du pape, et se trouverait accompli.

Que sera cet *écroulement de la montagne de Sion*, *que sera ce monceau de ruines*? Doit-on l'entendre dans le sens figuré ou dans le sens littéral? Les projets de la Révolution sur le Vatican ne sont pas ignorés, et les essais des communeux sont dans toutes les mémoires. Puissent les prières des justes écarter de telles calamités !

— La prophétie de Prémol (n° 90) annonce un antipape et une tentative de schisme, après le départ de Pie IX. La prophétie Emilienne (n° 133), celle de Téolosphore (n° 134), celle du Roi des lys (n° 128), celle de saint Thomas (n° 129) le supposent. La révolution gouvernementale d'Italie peut bien rêver ce moyen de rassurer les terreurs de Victor-Emmanuel.

M. Torné, d'après Nostradamus, prédit que « Pie IX
« sera *véritablement crucifié* ; que les villes d'Italie se
« réuniront pour élever la croix du Pape; qu'en mourant
« Pie IX éprouvera la soif du crucifié; dix envoyés des
« sociétés secrètes exécuteront ce crime; par sa trop
« grande confiance, en restant à Rome, Pie IX aura
« facilité les desseins de ses ennemis. Cette exécrable
« forfait se commettrait en même temps que l'arrivée
« d'Henri V en France ; le retour de ce prince consolera
« Pie IX en lui faisant espérer le triomphe de l'Église
« mais précipitera sa perte personnelle ».

M. Torné s'appuie sur l'épigraphe : *Crux de Cruce*, prétendant qu'il ne s'agit pas là de croix morales ; que cette interprétation « des croix morales qui lui viendront « de la croix de Savoie est trop *alambiquée* » ; que Pie IX s'attend depuis de longtemps à ce genre de mort.

5*

(Voir *Lettres du grand Prophète*, p. 33-171-170, et *Portraits prophétiques*, p. 26.)

Est-ce que M. Torné prendrait un premier et un second exil et le dépouillement de tout pouvoir temporel, pour des *croix* purement *morales* ? — « Le Saint-Père m'a dit, écrit un Évêque d'Orient à Mgr l'Évêque d'Angoulême : « Le monde est plongé dans le mal, il ne peut pas « continuer comme cela : une main humaine est impuis- « sante à le sauver, *il faut que la main de Dieu se mani-* « *feste visiblement ;* et je dis (et il dit ceci d'un ton inspiré), « *nous verrons cette main divine avec les yeux de notre* « *corps* (et en disant ces paroles il mit les deux index « sur ses augustes yeux). » — (*Semaine Religieuse d'An-* « *goulême*, 4 décembre 1870).

D'autre part Marie Lataste, la sainte Religieuse du Sacré-Cœur, nous rapporte les paroles de la sainte Vierge à Pie IX (n°s 83 et 111) : « *Voici l'heure, lève-toi ; regarde tes enne-* « *mis, je les fais disparaître les uns après les autres, et ils* « *disparaissent pour toujours. Je veux te rendre gloire* « *sur la terre et au ciel... Tu vivras... Vieillard, je te* « *bénis.* »

Si Pie IX doit voir de *ses yeux* « la main divine » châtiant les méchants, s'il doit voir ses ennemis « dispa- « raître les uns après les autres et pour toujours », comment pourrait-il être crucifié par eux ?

Et la sainte Vierge qui assure au vieillard qu'il *vivra !* Parole prophétique assurément quand elle a été répétée par l'humble Religieuse en 1842, et encore plus d'une certaine façon quand elle a été imprimée en 1863, à l'époque où toutes les espérances du parti révolutionnaire reposaient sur la mort prochaine du Pape : il avait alors 73 ans. Et le vieillard a vécu ; il a régné les années et les jours de saint Pierre ; il vit encore, à la grande rage de ses ennemis, et il vivra et il les enterrera. C'est ce que nous affirme aussi la V. Anna-Maria.

En outre, la prophétie Augustinienne nous dit (n° 38) que le Pape sera emmené en captivité par les siens, et *que peu après il s'éteindra*. Or cette expression veut dire, en toutes les langues, que Pie IX mourra paisiblement de vieillesse, hors de Rome sans doute.

Je crois que la prophétie Augustinienne, celles de Marie Lataste et d'Anna-Maria et les paroles de Pie IX ont plus de poids que les énigmes de Nostradamus plus ou moins bien déchiffrées par M. Torné.

— La V. Anna-Maria Taïgi a prédit que Pie IX règnerait 27 ans et environ 6 mois : qu'il mourrait par conséquent dans *la 28ᵉ année* de son règne.

Un très-curieux calcul cabalistique donne le même résultat. Prenez : 1° la signature du Saint-Père : *Pius Papa nonus* (Pie IX Pape), et 2° son épigraphe de la prophétie de saint Malachie : *Crux de Cruce*. Faites-vous un alphabet latin puisque vous devez opérer sur des mots latins ; numérotez-le : il n'a que 23 lettres, comme vous savez, puisque l'*i* et le *j* ne font qu'une lettre, ainsi que l'*u* et le *v*. Ceci n'a pas besoin de preuves : rappelez-vous nos vieux auteurs et nos vieux dictionnaires latins. Faites l'opération sur 1° : *Pius* vous donne : 62 ; *Papa* : 32 ; *nonus* : 78. Additionnez cabalistiquement : $6+2+3+2+7+8 = 28$. Faites de même pour 2° : *Crux* donne : 61 ; *de* : 9 ; *cruce* : 48. Additionnez cabalistiquement : $6+1+9+4+8 = 28$. Un cabaliste juif conclurait en plus que *Pius Papa nonus* est bien le personnage prédit par *Crux de Cruce* puisque ces deux expressions ont le même nombre.

Remarquez encore, si vous voulez, le calcul qui se présente de lui-même à l'esprit quand on s'arrête un peu à examiner les chiffres de *Crux de Cruce* : 61 9 et 48 —; 61+9 = 70; traduisez : la seconde Croix (*Crux*) mise sur les épaules de Pie IX en 1870 : captivité dans le palais du Vatican, dépouillement de la puissance temporelle, vient de et est la même que la première (*Cruce*) en 1848 : captivité dans le palais du Quirinal et dépouilement de la puissance temporelle, Si le Saint-Père prend une seconde fois le chemin de l'exil, la parité sera parfaite. C'est curieux ; mais c'est toute la conclusion qu'on en peut tirer.

— Ce chiffre du règne de Pie IX donné par Anna-Maria correspond parfaitement avec la date donnée par Marie Lataste. Rome doit être dans la tristesse et la désolation ; environnée d'ennemis de toutes parts, comme un oiseau pris dans un filet, *pendant trois ans et un peu après*. Or ces trois ans ont commencé en août 1870, au moment où Rome a été abandonnée par Napoléon, 3 ans plus tard nous mènent en août 1873, et *un peu après*, en *septembre* 1873 (toujours septembre !). A cette époque la sainte Vierge fait disparaître les ennemis du saint Pontife. Pie IX doit régner 27 ans 1|2. Or son règne, commencé le 16 juin 1846, finirait vers le 16 décembre 1873. Ainsi *après peu de temps*, quelques mois après avoir vu disparaître *tous ses ennemis* (non-seulement ceux d'Italie, mais encore ceux de France, car le Seigneur frappera aussi la France en septembre : « *avant les vendanges arriveront les grands malheurs* »), Notre Très-Saint-Père le Pape Pie IX *s'éteindra*, et la sainte Vierge lui rendra gloire au ciel. Il aura vu *la main divine*, et tout le patrimoine de saint Pierre remis sous son autorité, mais non pas » *la ville de Rome redevenue tranquille et florissante*[1] ». Ce sera son successeur, ramené par Henri V, d'après plusieurs prophéties, qui « *verra le Saint-Siége restauré dans tous ses droits* ».

— Vous assignez des dates, dira quelqu'un, des dates d'années et de mois, à vos prophéties ! Vous êtes imprudent. Et si 1873 passe sans que les prédictions se réalisent, que deviendra leur autorité ?

Elle restera la même. Nous verrons et nous dirons tout simplement que nous nous sommes trompé dans nos calculs et nos rapprochements de textes et de dates, et ce sera tout. Nous attendrons patiemment, et nous ferons de nouveaux rapprochements, de nouveaux calculs qui seront peut-être plus exacts. Cependant nous avouons que nous serions surpris : car la concordance des dates et des textes prophétiques nous paraît donner un résultat lumineux.

Voyez la lettre XV. Croyez-vous que les Juifs, avant Jésus-Christ, ne se soient jamais trompés dans les supputations qu'ils ont faites sur les dates prophétiques contenues dans les saintes Ecritures ?

Les prédictions sacrées n'en sont pas devenues fausses pour cela ; elles se sont accomplies dans tous les événements qu'elles annonçaient et à des dates qui ont été trouvées très-justes. Il n'y avait de faux que les calculs des docteurs.

— Selon Nostradamus, une comète apparaîtra vers le septentrion, non loin du Cancer, et la nuit où Pie IX mourra (?). — Rien n'empêche que l'astrologue ne prédise juste en ce point « de la comète » : c'est affaire d'astronomie.

---

1. Allocution de Pie IX aux Dames Romaines, 12 avril 1871.

— M. Torné se glorifie très-fort d'avoir annoncé depuis 13 *ans* que Pie IX survivrait à Victor-Emmanuel. « C'est ce qui fera regarder avec admiration la prophétie « (de Nostradamus) si longtemps méconnue, et que le « nom du traducteur brillera du plus vif éclat ». Voilà près de 40 ans qu'Anna-Maria Taïgi, près de 30 que Marie Lataste ont annoncé cela, et plus que tout cela. Voilà de longues années que nous savons, que Rome et toute l'Italie et le monde entier savent, que Pie IX survivra à tous ses ennemis, et nous n'avions pas besoin de Nostradamus.

LETTRE XIV.

L'EUROPE PENDANT CE TEMPS.

95. « Ce *bouleversement* sera général et non pour la France seulement. » (Proph. du Père Necktou.)

96. « Il me fut dit : « Il viendra ce temps, et il n'est pas éloigné, où toutes les puissances reconnaîtront l'autorité du Saint-Siége et que je suis le Seigneur. Or quand elles seront presque *bouleversées*, ce sera alors qu'elles se sentiront disposées à reconnaître les prodiges qui sont sur le point de s'opérer. » (Proph. d'une Religieuse de*.)

97. « Il y aura une *perturbation générale* dans toute l'Europe, des dévastations, meurtres et incendies. » (Proph. allemandes.)

98. « Quels sont ces bruits de guerre et d'épouvante qu'apportent les quatre vents? Ah! le dragon (la Révolution) s'est jeté sur tous les États et y porte *la plus effroyable confusion*. Les hommes et les peuples sont levés les uns contre les autres. Guerre, guerre, guerres civiles, guerres étrangères! Quels chocs effroyables! » (Proph. de Prémol.)

99. « La vengeance divine s'appesantira généralement et spécialement sur tous les hommes. Elle sera évidente et manifeste... L'Arménie et la Phrygie (Turquie actuelle), la Dacie (Autriche) et la Norwége seront cruellement subjuguées par leurs ennemis : elles seront pillées et dévastées d'une manière cruelle et irréparable. Les royaumes de Chypre (Turquie), de Sardaigne (Italie), d'Arles (Est et Sud-Est de la France) seront affreusement et honteusement dévastés, pillés et presque détruits... Entre les Aragonais et les Espagnols il y aura des troubles et une grande division, et ils se feront mutuellement la guerre. » (Proph. de Jean de Vatiguerro.)

100. « Vers le milieu du 19ᵉ siècle éclateront de tous côtés des séditions, principalement dans le royaume de France, en Suisse et en Italie. Surgiront des républiques ; des rois disparaîtront ; des personnages ecclésiastiques et des religieux quitteront leurs demeures. » (Proph. Augustinienne.)

101. « De grandes guerres et de grands malheurs auront lieu dans toute l'Europe et surtout en Italie, au point que l'on verra marcher peuple contre peuple pour s'exterminer l'un l'autre. La Révolution s'étendra à toute l'Europe. Les Russes et les Prussiens viendront attaquer l'Italie et l'envahiront. Les Russes logeront leurs chevaux dans l'Eglise du couvent de Sainte-Catherine de Taggia. L'Italie sera couverte de ruines. Le règne de Victor-Emmanuel en Italie, « règne à la façon d'enfants », se terminera par son renversement et sa fin tragique. Une démocratie farouche arrivera quelque temps au pouvoir. » (Proph. de Rose Colombe.)

102. « Pauvre Italie, tu es bien coupable ! Aussi un

jour viendra où les chiens se désaltéreront dans ton sang. »
(Lettre de Mélanie à sa mère, 15 juillet 1871.)

« L'Italie sera punie de son ambition en voulant secouer le joug du Seigneur des seigneurs : aussi sera-t-elle livrée à la guerre ; le sang coulera de tous côtés. »

« La France, l'Italie l'Espagne et l'Angleterre seront en guerre ; le sang coulera dans les rues : le Français se battra avec le Français, l'Italien, avec l'Italien ; puis il y aura une guerre générale qui sera épouvantable. Pour un temps, Dieu ne se souviendra plus de la France, ni de l'Italie — deux ans, un an — parce que l'Evangile de Jésus-Christ n'est plus connu. » (Secret de Mélanie, lettre à M. l'abbé F. Bliard.)

— « Conflagration générale, guerre civile en Italie et en Allemagne. » (Résumé du secret de Mélanie, donné par Mlle de L. : Proph. de la Salette.)

103. « En ce temps-là malheur à l'Italie ! trois armées fondront sur elle : l'une venant de l'Orient, l'autre du Nord, l'autre de l'Occident. Il y aura une telle effusion de sang que l'Italie n'en aura jamais vue de pareille depuis le commencement du monde. » (Proph. Emilienne. Voir le n° 133.)

104. « Anna-Maria Taïgi annonce de grands massacres autour de Rome. Les cadavres des hommes tués aux environs de Rome, disait-elle, seront aussi nombreux que les poissons charriés dans cette ville par un débordement considérable du Tibre. » (Proph. d'Anna-Maria Taïgi.)

105. « Je vis les vainqueurs de Jérusalem (Rome) remplacer l'arche (le gouvernement du Saint-Siége) par le Veau d'or (la Révolution italienne, 1848), et ils se prosternaient à ses pieds et ils l'adoraient. Son ventre seul était d'or (le royaume d'Italie), et le reste était de chair,

et le ventre était son bouclier, et des traits étaient lancés contre lui, mais ne pouvaient l'atteindre. Et l'Esprit me dit : Toute sa chair périra, et non-seulement sa chair, mais encore son ventre : car le temps approche que son ventre s'affaissera dans la pourriture de sa chair ; et ce signe sera le commencement de la fin (du triomphe de méchants)... Cependant une autre grande corne sortai rapidement du front *du veau d'or... et le veau d'or* secouait la tête comme pour s'assurer de sa nouvelle défense, et il se croyait puissant et fort.... Et un tremblement de terre secoua Jérusalem (Rome) jusque dans ses fondements et renversa l'idole que ses adorateurs abandonnèrent en lui criant : Racca ! » (Proph. de Prémol.)

106. « Vers la fin du 19ᵉ siècle, la guerre, la famine, la peste, les fraudes ruineront les royaumes de Saturne (l'Italie), et les anciennes dynasties en seront chassées. On y verra un pontife possédant bien les clefs du ciel, mais ne gouvernant plus de principautés terrestres. Chose affreuse ! c'est alors que le *bœuf rouge* engendrera l'hydre. Dieu laissera marcher l'incendie, il n'apaisera point sa colère jusqu'à ce que tous les maux aient frappé les nations de l'Ausonie. Cet état de choses durera environ un lustre.» (Proph. Placentienne.)

107. « Quand vous verrez *le premier bœuf mugir*, commencera le chancellement de l'Église (*Claudicatio*. Sous Charles-Albert, la conspiration contre l'Eglise fut plus accentuée). Quand vous verrez l'aigle se liguer avec le serpent (Napoléon III avec la Révolution), commencera la persécution. Quand vous entendrez *le second bœuf mugir* (Victor-Emmanuel), alors très-grande sera la tribulation de l'Église. » (Proph. Emilienne.)

108. « Quand Rome commencera à entendre les mugis-

sement *de la vache grasse*, l'Italie sera en proie à la guerre et aux dissensions... Malheur à toi, terre de Pise ! *Le veau secoue sa corne* naissante d'un air menaçant... O Alpha et Oméga ! *La vache grasse est* unie à la couleuvre. Un roi monstrueux s'assiéra sur un trône mobile ; ce monarque échappera à grand'peine à une mort très-rapprochée. » (Proph. de saint Thomas.)

109. « L'Angleterre éprouvera à son tour une révolution plus affreuse que la première révolution française, et cette révolution durera assez longtemps pour donner à la France le temps de se rasseoir ; et ce sera la France qui aidera l'Angleterre à rentrer dans la paix. » (Proph. du Père Necktou.)

110. « Et toi, superbe Tyr (l'Angleterre), qui échappes encore à l'orage, ne te réjouis pas dans ton orgueil. L'éruption du volcan qui brûle tes entrailles approche, et tu tomberas plus avant que nous dans le gouffre. » (Proph. de Prémol.)

*
* *

Quand et à quelle occasion les Prussiens et les Russes descendraient-ils en Italie (n° 101) ? Est-ce avant la venue d'Henri V ? — Est-ce après, pour soutenir l'Italie révolutionnaire contre la France monarchique ?... Le passage de ces troupes se fera probablement par la Suisse. Ce sera peut-être le début de cette grande guerre commencée dans le Sud (et des autres indiquées aux n°s 99, 102, 103, 104, 127, 128, 129), et qui se terminera dans la Westphalie (n° 158.)

— Les prophéties des n°s 105, 106, 107 et 108, pour désigner les persécuteurs de l'Eglise en Italie, emploient une figure (le veau, la vache, le bœuf) qui rappelle les versets suivants des Psaumes :

« Circumdederunt me *vituli multi ; tauri pingues* obsederunt me. Aperuerunt super me os suum, sicut leo rapiens et rugiens. » (Ps. 21, v. 13 et 14.)

« Increpa feras arundinis, congregatio *taurorum* in *vaccis* populorum, ut excludant eos qui probati sunt argento. » (Ps. 67, v. 31.)

« J'ai été environné par un grand nombre *de veaux* et assiégé par *des taureaux* gras. Ils ouvraient leur bouche pour me dévorer, comme un lion ravissant et rugissant.

« Réprimez (Seigneur) ces bêtes sauvages qui habitent dans les roseaux : c'est une assemblée de peuples semblables à un troupeau de *taureaux et de vaches* en fureur, *qui a conspiré de chasser ceux qui ont été éprouvés* comme l'argent. » (Traduct. de Le Maistre de Sacy.)

— Nostradamus prédirait, selon M. le curé de Saint-Denis, que, après l'assassinat de Victor-Emmanuel, la Révolution, à peine maîtresse de Rome, partagera l'Italie en deux Etats révolutionnaires. (*Lettres du grand prophète*, p. 174.)

Il est très-vraisemblable que les révolutionnaires vainqueurs se diviseront entre eux.

LETTRE XV.

DURÉE ET FIN DE TOUS CES BOULEVERSEMENTS ET DE CES FLÉAUX.

En France.

111. « *Cette crise si épouvantable sera de courte durée, et ce sera au moment où l'on croira tout perdu que tout sera sauvé*... A la suite de cet événement affreux (la ruine complète de Paris), tout rentrera dans l'ordre. » (Proph. du Père Nektou.)

112. On se battra du midi au nord pendant *plusieurs semaines, et les quinze derniers jours,* jour et nuit ; cependant la crise ne sera pas longue...

« Entre le cri : « *Tout est perdu* », et celui : « *Tout est sauvé* », il y aura à peine le temps de se retourner ; et ce sera lorsqu'on croira *tout perdu* que *tout sera sauvé.* » (Proph. de l'abbé Souffrant.)

113. *Ce ne sera pas long* (la grande crise). On croira que *tout est perdu,* et le bon Dieu *sauvera tout.* » (Proph. du vénérable curé d'Ars.)

114. « Quand *tout semblera perdu* et que la main de l'homme ne pourra plus rien, c'est alors que Dieu y mettra la sienne et arrangera toutes choses *en un clin d'œil*, *comme du matin au soir.* » (Proph. du vénérable Père Marie-Bernard Clauti.)

115. « Du sein du chaos le calme sera ramené *subitement* par une intervention évidente de Dieu. » (Proph. de la Salette.)

116. « Il me semblait que *cette grande crise ne durait pas longtemps.* » (Proph. d'une personne pieuse.)

117. « Ces jours seront *abrégés* en faveur des justes. » (Proph. de la Mère du Bourg.)

118. « Quelle agitation ! Quel trouble ! *C'est la 19ᵉ semaine...* Le temps (du grand bouleversement) *sera court ;* s'il était long, personne n'y tiendrait... Pendant ce temps on ne saura les nouvelles au vrai que par quelques lettres particulières. A la fin, trois courriers viendront. Le premier annoncera que *tout est perdu.* Le second arrivera pendant la nuit ; il aura grand chaud (ce sera en été) ; il ne s'arrêtera pas, il sera trop pressé et continuera sa route vers le Berry. Vous serez en oraison quand vous entendrez dire que deux courriers sont passés ; alors il

en arrivera un troisième, feu et eau (le train du chemin de fer) qui dira que *tout est sauvé*, et qui devra être à Tours en une heure et demie. » (Proph. de Blois.)

119. « Le temps de tous ces bouleversements *ne sera pas de plus de trois mois*, et celui de la *grande crise* où les bons triompheront ne sera *que d'un moment.* » (Proph. d'une ancienne Religieuse Trappistine.)

120. « Pour un temps Dieu ne se souviendra plus de la France ni de l'Italie : *deux ans, un an.* » (Proph. de la Salette.)

121. « Cet état de choses durera *environ un lustre* (moins de cinq ans). (Proph. » Placentienne.)

A Rome et dans l'Eglise.

122. « Cette cité (Rome) paraîtra succomber *pendant trois ans et un peu après ces trois ans.* » (Proph. de Marie Lataste.)

123. « L'Eglise universelle sera sans défenseur *pendant vingt-cinq mois et plus*, parce que pendant ce temps il n'y aura ni pape à Rome, ni régent en France... Pendant *un court espace de temps*, l'ordre entier du clergé sera dans l'humiliation. » (Proph. de J. de Vatiguerro.)

124. « Ce sera *au moment même du crime* (tentative d'assassinat sur Pie IX) que les choses changeront de face par une intervention visible du Seigneur. Le triomphe de l'Eglise sera éclatant, il aura lieu *vers Notre-Dame d'août.* » (Proph. d'une Religieuse d'Autriche.)

En examinant ces textes prophétiques, on trouve trois époques bien indiquées : première époque, temps de l'accroissement continu du mal, de la puissance des méchants et de l'humiliation de l'Eglise et des bons ; deuxième époque, temps des grands bouleversements, du triomphe presque complet des méchants ; troisième époque, temps de la grande crise ou du grand coup qui précède le triomphe. La durée de la première époque est marquée d'une manière approximative par J. de Vatiguerro, qui se tient en deçà dans ses expressions : 25 *mois et plus*, c'est-à-dire 2 ans et plus, et par la prophétie Placentienne qui dans ces termes va au-delà : *environ un lustre*, c'est-à-dire moins de cinq ans. Elle est délimitée nettement par Mélanie : 2 *ans*, *un an*, c'est-à-dire, 3 ans, et plus précisément encore par Marie Lataste : 3 *ans et un peu après ces 3 ans*. Toutes ces dates s'éclaircissent les unes par les autres et concordent admirablement.

Cette première époque doit commencer, comme nous l'avons déjà dit, à l'abandon de Rome par les Français au mois d'août 1870 ; c'est le point de départ de l'accroissement de la puissance des méchants contre Rome et l'Eglise. Elle se termine, selon Marie Lataste, par le triomphe du Pape, *vers septembre* 1873. La Religieuse d'Autriche prédisant le triomphe de l'Eglise *vers la Notre-Dame d'août*, et la Sœur Marianne annonçant *les grands malheurs avant les vendanges*, sont en complet accord avec Marie Lataste.

En divisant le temps de cette manière : *deux ans, un an*, Mélanie n'indiquerait-elle pas quelque chose de particulier ? Cette troisième année séparée des deux autres ne serait-elle pas une année plus terrible, pendant laquelle Dieu se souviendrait encore moins de la France et de l'Italie ? Ne serait-ce pas l'année des grandes catastrophes et du grand coup ?

La deuxième époque ne sera pas *de plus de 3 mois*, d'après l'ancienne Religieuse Trappistine. La Sœur de Blois parle d'une *19e semaine*. Je penserais qu'elle a voulu marquer par ces mots la durée des grands bouleversements qui, s'il faut l'entendre ainsi, serait de quatre à cinq mois. L'abbé Souffrant s'accorde avec toutes deux en donnant *plusieurs semaines* de durée à la crise.

La troisième époque, la grande crise, n'est que d'un moment selon toutes les prophéties ; l'abbé Souffrant semblerait indiquer une quinzaine de jours.

On peut donc, avec beaucoup de probabilité, mettre le commencement des grands bouleversements, de la grande crise, vers le mois de mai ou de juin 1873, et la fin, par le grand combat et l'intervention divine, entre la dernière moitié du mois d'août et la première du mois de septembre de cette année 1873.

A cette même époque et en même temps le Seigneur frapperait Rome et la France.

C'est alors que Marie descendrait dans la cité, dans Rome, pour faire disparaître les ennemis de son Fils et de son Pontife ; qu'ensuite elle prendrait les mains du vieillard, *assis sur un trône*, signe de la double royauté, ailleurs qu'à Rome, puisque maintenant il n'y règne plus ni d'une manière ni de l'autre ; et elle lui dira : *Lève-toi, regarde, c'est l'heure* : ce qui semble indiquer encore que le Pape ne serait plus à Rome, mais au loin : *Je fais disparaître tes ennemis les uns après les autres.*

Alors Rome est rendue à elle-même par la mort ou la conversion des ennemis de l'Eglise, mais ne possède pas encore le Pontife légitime. Alors, en France, les

« méchants » étant écrasés dans le châtiment divin, le parti des « bons », resté maître, appelle Henri V.

— Si l'on croit que l'intervention surnaturelle n'aura as lieu à Rome et en France au même moment, que la France sera frappée la première pour avoir le temps de se rasseoir et d'aller au secours du Saint-Siége, la fin de nos malheurs arriverait beaucoup plus tôt. Le grand coup devant se frapper avant les vendanges, ce ne sera point évidemment cette année-ci (1871), ce serait donc en août et septembre de 1872. L'année suivante, 1873, Rome à son tour est punie; et à ce compte, pour la France tous les événements seraient avancés d'un an.

— Je serais porté à croire que le premier calcul et la date de 1873 s'approchent plus de la vérité. La raison de convenance sur laquelle on s'appuie pour faire arriver la délivrance de la France plus tôt que celle de Rome ne me paraît pas suffisante pour contre-balancer l'autorité des prophéties de la Vénérable Anna-Maria, du Vénérable Bernard Clauti, de la Vénérable Elisabeth Canori Mora et de Mélanie qui affirment que toute la terre, par conséquent la France et l'Italie, sera punie en même temps par les grands et derniers fléaux. On dit bien que Mélanie, après avoir écrit la date 1872, aurait mis à la suite ces initiales : F. D. M., qu'on a interprété : *fin des malheurs*. Mais qu'est-ce qui prouve que ces lettres au contraire ne veulent pas dire : *fin des miséricordes*, et que cette patience miséricordieuse du Seigneur qui depuis 1870, comme nous l'avons déjà observé, met des intervalles entre les châtiments, ne va pas céder tout à fait la place à l'implacable justice ? En cette année 1872, elle commencerait à frapper presque sans relâche de toutes sortes de manières; jusqu'en septembre 1873, où enfin le dernier coup, évident, manifeste de la *main divine* anéantirait les méchants. Je crains qu'avant d'atteindre la terre promise, il nous faille passer par la mer rouge des deux terribles années 1872 et 1873. Que Dieu, comme autrefois, protége et sauve ses fidèles serviteurs, et engloutisse les Egyptiens !

— Quoi qu'il en soit, à considérer les choses selon les prévisions humaines et sans tenir compte des prédictions, il est presque impossible aujourd'hui que la France revienne d'une manière naturelle et d'elle-même à une paix et à un ordre stables, c'est-à-dire au vrai, au juste et au bien. Il est nécessaire qu'elle sente la puissance et la pesanteur de la « main divine ». Quand elle aura été frappée, vers septembre 1873, elle « enverra chercher » Henri V ; et dans les derniers mois de cette année tout le monde criera : Vive le Roi !

II.

AVÉNEMENT ET RÈGNE D'HENRI V.

LETTRE XVI.

TRIOMPHE. — HENRI V. — PAIX.

125. « A la suite de cet événement affreux (la ruine complète de Paris), tout rentrera dans l'ordre. *Justice sera faite à tout le monde*, et la *contre-révolution sera accomplie*. Et alors le triomphe de l'Eglise sera tel qu'il n'y

en aura jamais plus de semblable, parce que ce sera le dernier triomphe de l'Eglise sur la terre... Ceux qui auront survécu à la première Révolution et qui verront cette dernière, remercieront Dieu de les avoir réservés pour les rendre témoins d'un si grand triomphe pour son Eglise. » (Proph. du Père Necktou vers 1760.)

126. « Aussitôt après ces événements (la grande crise et le grand combat), tout rentrera dans l'ordre, *et toutes les injustices, de quelque nature qu'elles soient, seront réparées* : ce qui sera très-facile, la plus grande partie des méchants ayant péri dans le grand combat; et ceux qui auront survécu seront si effrayés du châtiment des autres, qu'ils ne pourront s'empêcher de reconnaître le doigt de Dieu et d'admirer sa toute-puissance ; plusieurs se convertiront. La religion fleurira ensuite de la manière la plus admirable. J'ai vu des choses si belles à cet égard que je n'ai pas d'expression pour les peindre. » (Proph. d'une ancienne Religieuse Trappistine. — 1816.)

127. « Je me suis réjoui de ce qui m'a été dit. Après des souffrances, encore éloignées des chrétiens, et après une trop grande effusion de sang innocent, la prospérité du Seigneur descendra sur la nation désolée. *Un pasteur remarquable s'assiéra sur le trône pontifical sous la sauvegarde des anges.* Pur et plein d'aménité, il réparera toutes choses, rachètera par ses vertus aimables l'état de l'Église, les pouvoirs temporels dispersés... Une foi unique sera en vigueur. Un seul pasteur conduira à la foi les Églises orientales et occidentales. Ce saint homme brisera l'orgueil des Religieux, qui rentreront tous dans l'état de la primitive Église. Homme excellent, quand il te sera apparu dans les airs *un prodige (lumen in cœlo)*, tu trouveras *une route toute prête du côté de l'Orient*... Alors

un monarque gracieux, *de la postérité de Pépin*, viendra en pèlerinage voir l'éclat glorieux du pasteur dont le nom commencera par un R. Un trône temporel venant à vaquer, le pasteur y placera ce roi qu'il appellera à son secours... Ce pasteur fera la joie des élus du Seigneur. Pasteur angélique, il promènera le bâton de l'apôtre par tous pays. Grâce à ses soins et à sa sollicitude, il se fera entre les Églises grecque et latine une indissoluble union. Dès le commencement, pour amener ces heureux résultats, le saint Pontife, recourant à des secours temporels puissants, invoquera l'aide du monarque généreux de la France. Avant qu'il puisse être solidement assis sur le Saint-Siége, il y aura beaucoup de guerres et luttes, pendant lesquelles le trône sacré sera ébranlé. Mais, à la faveur de la clémence divine, tout répondra aux vœux des fidèles, de telle sorte qu'ils pourront célébrer par leurs chants la gloire du Seigneur. » (Prophéties de l'abbé - Joachim au XIe siècle.)

128. « Vers la fin des temps, il paraîtra *un Monarque de la nation du très-illustre lis* ; il aura *un grand front, des sourcils élevés, de grands yeux et le nez aquilin*. Il rassemblera une grande armée, et il détruira tous ceux qui tyrannisaient son royaume (*surget Rex ex natione illustrissimi lilii, habens frontem longam, supercilia alta, oculos longos, nasum aquilinum. Is congregabit exercitum magnum et omnes tyrannos regni sui destruet*). Il les frappera à mort ; fuyant à travers les monts, ils chercheront à éviter sa face [1]. Il fera aux chrétiens (hérétiques) une guerre acharnée, et subjuguera tour à tour les Anglais, les Espagnols, les Aragonais, les Lombards, les Italiens. Les rois chrétiens lui feront leur soumission. Rome et

---

1. David Pareus ajoute : « Car de même que l'épouse est unie à son époux, ainsi *la justice* lui sera associée. »

Florence périront, livrées par lui aux flammes, et le sel pourra être semé sur ce territoire où tomberont sous ses coups les derniers membres du clergé (schismatique) [1]. La même année il gagnera une double couronne ; puis, traversant la mer à la tête d'une grande armée, il entrera en Grèce et sera nommé roi des Grecs. Il subjuguera les Turcs et les barbares, et *publiera un édit par lequel quiconque n'adorera pas la croix sera mis à mort*. Nul ne pourra lui résister parce que le bras saint du Seigneur sera toujours auprès de lui, et il aura l'empire de tout l'univers. A cause de tous ces grands et beaux faits, son règne sera appelé le Paradis terrestre des bons chrétiens. Montant à Jérusalem sur le mont des Olives, il priera le Seigneur, et, découvrant sa tête couronnée et rendant grâce au Père, au Fils et au Saint-Esprit, il rendra l'âme en ces lieux avec sa couronne... et la terre tremblera, et on verra des prodiges. » (Prophétie du Roi des lis, au XIIIe siècle.)

129. « Alors (*Voyez* n° 108) *naîtra au milieu des lis*, le plus beau des princes, dont le renom sera grand parmi les rois, tant à cause de la rare beauté de son corps qu'à cause de la perfection de son esprit. L'univers entier lui obéira, quand le chêne altier sera tombé, et aura écrasé dans sa chute le sanglier au poil hérissé. Ses années s'écouleront dans le bonheur. De l'occident au levant, du levant au nord et du nord au midi, de toutes parts, il terrassera et foulera aux pieds ses ennemis... Malheur à toi, Ligurie, et à toi, Flandre ensanglantée : tes prairies et tes fleurs seront dévastées... *Le schisme sera renversé*, quand le chêne dans sa chute écrasera le sanglier sau-

---

1. David Parens ajoute : « Il mettra à mort les clercs qui ont envahi le siége de Pierre : *Clericos qui sedem Petri invaserunt morte percutiet.*

vage. Pleure, hélas! Malheureuse Babylone (Rome [1]), que de tristes jours t'attendent ! Comme la moisson mûre, tu sera fauchée à cause de tes iniquités. Les rois s'avanceront contre toi des quatre coins du monde ; ils rassembleront les Saints de Dieu pour qu'ils ne soient pas compris dans le jugement, et qu'ils choisissent l'*Ange du testament* qui doit convertir au Seigneur les cœurs pervertis et dissidents. La flèche de l'Italie, *s'élançant vers le levant*, ira creuser les sillons pour y planter la vraie vigne du Sauveur alors que *fleurira le prince du nouveau nom* à qui tous les peuples se soumettront et à qui *la couronne orientale* sera donnée en garde. » (Prophétie de saint Thomas, au 13ᵉ siècle.)

130. « Après que l'univers entier aura été en proie à de grandes misères et tribulations... après que la France, en particulier *la Lorraine*, aura été dépouillée et plongée dans le deuil, et que *la Champagne* aura imploré en vain le secours de ses voisins, qu'elle aura été saccagée et pillée, et qu'elle sera demeurée douloureusement dans la dévastation... ces provinces seront secourues par un *prince captif dès sa jeunesse qui recouvrera la couronne du lis et étendra sa domination sur tout l'univers* (*juvenis captivatus* qui recuperabit coronam lilii... et dominabitur per universum orbem). En même temps sera élu par la volonté de Dieu *un Pape* parmi ceux qui auront échappé aux persécutions de l'Église, et ce sera un homme très-saint et doué de toutes perfections, et il sera *couronné par les saints anges* et placé sur le Saint-Siége par ses frères qui, avec lui, auront survécu aux persécutions de l'Église et à l'exil.

---

1. Peut-être mieux : Paris ? (Voir et comparer Lettre xi.)

« Ce pape réformera tout l'univers par sa sainteté ; il ramènera tous les ecclésiastiques à l'ancienne manière de vivre des disciples du Christ ; et tous le respecteront à cause de ses éminentes vertus ; il prêchera nu pieds et ne craindra pas la puissance des princes. Aussi il en ramènera plusieurs au Saint-Siége en les tirant de leurs erreurs et de leur vie criminelle. Il convertira presque tous les infidèles, mais principalement les Juifs.

« Ce pape aura avec lui cet homme très-vertueux qui sera *des restes du sang très-saint des rois des Français* (habebit secum virum sanctissimum qui erit de reliquiis sanctissimis Francorum sanguinis regum). Ce prince lui aidera à réformer l'univers, et sous ce pape et cet empereur l'univers sera réformé, parce que la colère de Dieu s'apaisera. Ainsi il n'y aura plus qu'une loi, une foi, un baptême, une manière de vivre. Tous les hommes auront les mêmes sentiments et s'aimeront les uns les autres, et la paix durera pendant de longues années. » (Proph. de J. de Vatiguerro au 13ᵉ siècle.)

131. « Moi, abbé Werdin, d'Otrante, averti par mon ange gardien que ma mort approchait, j'ai fidèlement écrit sur ce parchemin les événements qui m'ont été révélés et qui doivent arriver à l'ouverture du 6ᵉ sceau... » Voici les paroles de cette prophétie :

« Lorsque sur la chaire de Pierre brillera *une étoile éclatante*, élue contre l'attente des hommes, au sein d'une grande lutte électorale, *étoile dont la splendeur illuminera l'Église universelle*, le tombeau qui renferme mon corps sera ouvert. *Ce bon pasteur, gardé par les anges*, réparera bien des choses. Par son zèle et sa sollicitude, des autels seront construits, et des églises détruites seront relevées. Alors un *gracieux jeune homme de la postérité de Pépin* viendra de pays étranger pour contempler la gloire de ce pasteur (tunc *gratiosus juvenis* de posteritate Pipini veniet peregre ad videndum hujus pastoris claritatem). Ce pasteur placera d'une manière admirable ce jeune homme sur le trône de France jusque-là vacant. Il le couronnera du diadème et l'appellera lui-même en aide dans son propre gouvernement.

« Mais, après quelques années, cette étoile s'éteindra, et il y aura un deuil universel, car, en même temps, l'aigle mourra *septuagénaire* (le monarque), et bientôt après, pendant que son jeune successeur sera encore sous la tutelle des grands du royaume, tout tombera en décadence, et les temps deviendront plus mauvais que jamais. » (Prophéties de l'abbé Werdin, au 13° siècle.)

132. « Bientôt (v. n° 106) un oiseau gigantesque sortira comme d'un lourd sommeil. Au moyen de son bec tranchant et de ses ongles terribles, il coupera la tête au bœuf, et dans sa soif insatiable il dévorera les entrailles du dragon impie. *Il jettera par terre les trois couleurs gauloises* et remettra les rois à leur place. Un homme juste et équitable sorti de la Galatie *sera Pape*; dans tout le monde renaîtra la concorde avec la foi, *et un seul prince* règnera sur toutes choses. » (Proph. Placentien., au 14° siècle?)

133. « C'est à l'encontre du second bœuf et à l'encontre du serpent (v. n° 107) qu'arrivera d'Occident *le roi de grand renom* qui doit détruire l'empire des Turcs. En ce temps-là, malheur à l'Italie : trois armées fondront sur elle : l'une venant de l'Orient, l'autre du Nord, l'autre de l'Occident. Il y aura une telle effusion de sang que l'Italie n'en aura jamais vue de pareille depuis le commencement du monde.

« *Le légitime Pontife* sera ramené par *le grand Monarque*. Toutes les vertus fleuriront dans l'Église de Dieu, surtout dans le sacerdoce. Puis la secte de Mahomet sera détruite. » (Proph. Emilienne, au 14ᵉ siècle?)

134. « Après le carnage du *faux Pontife*, de ses complices et la mort de l'*Empereur allemand qui sera le dernier*, après avoir guéri les maux de l'Église occidendentale, et fait cesser *les guerres en Italie* par l'œuvre d'un *pasteur angélique* et du *nouvel empereur*, on réunira un *Concile général* pour marcher contre les infidèles et pour délivrer les Lieux-Saints. On formera *une grande armée terrestre et maritime* sous le nom de Sainte-Union de l'Église...

« Dans ce temps de la rénovation de l'Église, il se renouvellera ce qui est arrivé lors de la Nativité de Jésus-Christ, puisqu'il y aura un autre Zacharie, un autre Jean-Baptiste et un autre Jésus-Christ, c'est-à-dire un pasteur angélique qui aura douze apôtres choisis dans un *nouvel Ordre religieux*, qui prêcheront de nouveau l'Evangile; et les payens seront baptisés. Tous, excepté les juifs, se convertiront au Dieu en trois personnes, en vertu de cette prédication. Toutes ces choses doivent arriver avant la venue de l'antechrist vrai, et après beaucoup d'antechrists précurseurs de celui-là, qui sortiront soit du corps de l'Église, soit du peuple chrétien. » (Proph. de l'ermite Théolosphore en 1386.)

135. « Au nom du Seigneur qui a créé toutes choses, voici les paroles que l'Esprit a dictées à Jérôme, serviteur du Seigneur, écrites au monastère de Saint-Germain-des-Prés, à Paris, l'an mil quatre-cent-dix de la Conception, le Souverain Pontife Jean XXIII, gouverneur de l'Église de Dieu, sous le règne de Charles VI...

« Après que *quatre siècles seront plus qu'écoulés*... la rosée du ciel descendra... sur la terre désolée et sur l'Église éplorée. *Il y aura un enfant du sang des Rois que donneront les gens d'Artois.* Et il gouvernera la France avec prudence et honneur, et l'esprit du Seigneur sera avec lui : c'est ce qu'a dit l'Esprit... *Il y aura un pasteur qui conduira les peuples dans l'équité, et les rois dans la justice; il sera honoré des princes et des peuples.* » (Prophéties de Jérôme Botin en 1410.)

136. « Depuis le commencement de la création du monde, après que le premier homme a été créé jusqu'au jour où finira la génération humaine, on a toujours vu et on verra encore des choses merveilleuses sur la terre. *Il ne se passera pas quatre cents ans* que la divine Majesté visitera le monde avec *un nouvel Ordre religieux* très-nécessaire et qui portera plus de fruits que tous les autres. Il sera le dernier et le meilleur de tous. *Il procédera par les armes*, par la prière, par la sainte hospitalité. Malheur aux tyrans, aux hérétiques, aux infidèles! Pour ceux-là cet ordre n'aura aucune pitié, car telle est la volonté du Très-Haut. Un nombre infini de méchants périra par la main des Saints-Porte-Croix, véritables serviteurs de Jésus-Christ. Ils feront comme les bons agriculteurs qui arrachent les mauvaises herbes et les épines des champs fertiles. Ces saints serviteurs de Dieu purgeront le monde d'un nombre infini de méchants. Le chef et fondateur de cet Ordre sera de votre famille, et ce sera le grand réformateur de l'Église de Dieu. » (Spezzano, Calabre cit., royaume de Naples, 13 janvier 1489.)

... « O aveugles et sans yeux dans l'âme, ceux qui prennent pour but final les choses de la terre, ne s'occupant point des choses de Dieu! Les malheureux! de beaucoup inférieurs aux brutes qui vivent selon les sens, parce qu'elles sont privées de la raison! Mais ces hommes qni, ayant eu le don de la raison, la rejettent, vivront toujours dans une grande confusion. Pour ce motif, que les princes du monde s'apprêtent et s'attendent au grand fléau qui doit tomber sur eux. Par l'œuvre de qui? D'abord de la part des hérétiques et des infidèles ; ensuite de la part des très-fidèles élus du Très-Haut, lesquels, ne pouvant vaincre les hérétiques par la persuasion, marcheront avec impétuosité, les armes à la main. Beaucoup de villes et de villages seront ruinés, et il mourra un grand nombre de méchants et de bons. Les infidèles aussi combattront contre les catholiques et les hérétiques ; ils tueront, ruineront et pilleront la plus grande partie de la chrétienté.

« Finalement, *l'armée dite de l'Église*, c'est-à-dire les Saints-Porte-Croix, entrera en guerre, non pas contre les chrétiens, ni contre la chrétienté, mais contre les infidèles dans les pays païens... Après quoi, ils tourneront leurs armes contre les mauvais chrétiens... Mais quand tout cela arrivera-t-il? Lorsqu'on verra *les croix avec les stigmates*, et que l'on verra le *crucifix sur l'étendard*. » (25 mars 1490.)

... « Bannière glorieuse (l'étendard portant le crucifix) aux yeux des justes, mais méprisée au commencement par les incrédules, mauvais chrétiens et païens ; mais lorsque ces derniers auront vu les victoires merveilleuses remportées contre les tyrans, les hérétiques et les infidèles, leur rire se changera en larmes... Cette punition (le grand carnage que les Saints-Porte-Croix feront des rebelles à la divinité) est due à tous les transgresseurs des préceptes divins, et qui chercheront à corrompre le genre humain par de nouvelles et fausses doctrines, et à *l'ameuter contre les ministres du culte de Dieu*. » (7 mars 1495.)

— ... « De votre race, doit sortir un homme qui sera grand pécheur en sa jeunesse, mais que Dieu appellera au bien comme saint Paul... Il sera le fondateur *d'un nouvel Ordre religieux* différent de tous les autres, qu'il partagera en trois sections : les chevaliers militants, les religieux solitaires et les hospitaliers très-pieux. Cet Ordre sera le dernier... *Il détruira la secte mahométane, il extirpera les hérétiques et les tyrans*, il s'emparera d'un grand royaume par la force des armes; et ce sera alors qu'il y aura un seul troupeau et un seul pasteur. Il réduira le monde à vivre saintement et règnera jusqu'à la fin des siècles. Le monde entier n'aura que douze rois, *un Empereur et un Pape*, et très-peu de seigneurs, et ceux-ci seront tous saints. Que Jésus-Christ soit béni, puisqu'il a voulu me donner, à moi, indigne et pauvre pécheur, l'esprit prophétique, en m'envoyant des révélations très-claires, très-évidentes, et non avec cette obscurité dans laquelle il faisait autrefois parler et écrire ses serviteurs les prophètes.. Je sais que les incrédules et les autres gens prédestinés à la condamnation éternelle se moqueront de nos lettres et ne les croiront pas inspirées, mais les fidèles catholiques qui aspirent au saint paradis les tiendront pour tels. » (13 août 1496. Proph. de saint François de Paule.)

137. « Et y cettuy sera le quatrième dénommé roy du nom de Henricus......

« L'aultre du mesme nom de *Henricus*, grand aïeul à lui moult remembrera (rappellera), *et à dix fois dix fois deux ans et plus* voyra la Gaule et son peuple conglutinés dans ses mains, au grand ébahissement de joye aux Asiastiques et Européens. » (Proph. du moine de Padoue, au commencement du 16ᵉ siècle.)

138. « Les Celtes et Gaulois... guerroyront entre eux. Lors *un jeune guerrier* cheminera vers la grande ville; il *portera lion et coq* sur son armure. Ains la lance lui sera donnée par grand prince d'Orient. Il sera secondé merveilleusement par peuples guerriers de la Gaule Belgique qui se réuniront aux Parisiens pour trancher troubles, réunir soldats et les couvrir tous de rameaux d'oliviers. Guerroyant encore avec tant de gloire *sept fois sept lunes* que *trinité population européenne* par grande crainte et cris et pleur offrent leurs fils en otages et ploient sous les lois saines et justes et aimées de tous. Ains paix durant vingt-cinq lunes... Séditions nouvelles de malencontreux maillotins. Ains seront pourchassés du palais des rois par l'homme valeureux ; et par après les immenses Gaules déclarées par toutes les nations, grande et mère nation. Et, lui sauvant les anciens restes échappés du vieux sang de la cape, règle les destinés du monde, se fait conseil souverain de toute nation et peuple, pose base de fruit sans fin et meurt. « (Prophétie d'Olivarius en 1542.)

139. « La Gaule vue comme décabrée (ou délabrée) va se rejoindre. Dieu aime la paix; venez, jeune prince, quittez *l'isle de la captivité*; oyez, *joignez le lion à la fleur blanche*, venez. Ce qui est prévu, Dieu le veut : le vieux sang des siècles terminera encore de longues divisions : lors un seul pasteur sera vu dans la Celte-Gaule. L'homme puissant par Dieu s'assoyra bien ; moult sages règlements appelleront la paix. Dieu sera cru d'avec lui, tant prudent et sage sera le rejeton de la Cap. Grâce au Père de la miséricorde! La sainte Sion rechante dans ses temples un seul Dieu grand.

« Moult brebis égarées s'en viennent boire au ruisseau vif : trois princes et rois mettent bas le manteau de l'erreur et oyent clair en la foi de Dieu. En ce temps-là *un grand peuple de la mer* reprendra vraie croyance en deux tierces parts. Dieu est encore béni pendant quatorze fois six lunes et six fois treize lunes.... Il veut pour ses bons prolonger la paix encore pendant dix fois douze lunes. » (Proph. d'Orval en 1544.)

140. « Le cinquième âge durera jusqu'au *Pontife saint et au Monarque puissant* qui viendra dans notre âge, et sera appelé le *secours de Dieu*, c'est-à-dire rétablissant toutes choses.

« Le sixième âge commencera avec le *Monarque puissant et le Pontife saint*, et durera jusqu'à l'apparition de l'Antechrist... Les hommes vivront en paix, chacun dans sa vigne et dans son champ. Cette paix leur sera accordée parce qu'ils se seront réconciliés avec Dieu. Ils vivront à l'ombre des ailes du Monarque puissant et de ses successeurs.

« Ce monarque puissant, qui viendra comme envoyé de Dieu, *détruira les Républiques* de fond en comble... Elles seront dissoutes, et la puissance manquera aux rebelles. Cette puissance sera détruite par mon oint très-puissant que j'enverrai (dit Jésus-Christ)... Il soumettra tout à son pouvoir et emploiera son zèle pour la vraie Église du Christ... *L'empire des Turcs sera brisé, et ce Monarque régnera en Orient et en Occident...* Il dominera sur toutes les bêtes de la terre, c'est-à-dire sur les nations barbares, sur les peuples rebelles, sur les Républiques hérétiques et sur tous les hommes qui seront dominés par leurs mauvaises passions... Ce Monarque puissant pourra considérer presque le monde entier comme son héritage. Il délivrera la terre, avec l'aide du Seigneur son Dieu, de tous ses ennemis, des ruines et de tout mal. » (Tome 1ᵉʳ, p. 154, 183 et suivantes.)

— « (Ce Monarque) n'admettra qu'une seule et pure doctrine, et il sera très-zélé pour la foi catholique, unie et orthodoxe, surtout après avoir abaissé et dispersé les hérétiques sur terre et sur mer. *Ses mœurs seront saintes et bien réglées.* Il contribuera puissamment à la propagation de la foi et à la restauration de la discipline ecclésiastique... Il sera puissant en guerre et brisera tout, *comme le lion.* Il deviendra très-grand par ses victoires, et il n'en sera que plus solidement établi sur le trône de son empire. Il régnera beaucoup d'années; et pendant le cours de son règne, il humiliera les hérétiques et les républiques, et il soumettra toutes les nations à son empire et à celui de l'Église latine. De plus, après avoir relégué en enfer la secte de Mahomet, il brisera l'empire turc, et n'en laissera subsister qu'un très-petit État sans puissance et sans force ; lequel se maintiendra cependant jusqu'à l'événement du fils de perdition. . . . . . .

« *Il naîtra dans le sein de l'Église catholique* ; et il sera spécialement envoyé de Dieu *pour la consolation et l'exaltation de l'Église latine au milieu même de sa grande affliction et de sa désolation profonde... Il sera très-humble, et marchera dès l'enfance dans la simplicité de son cœur.* Personne ne pourra lui nuire ni lui résister, puisqu'il sera revêtu de la protection du Dieu du ciel... Tous les princes s'uniront à lui par les liens les plus forts, par les liens de la foi catholique et de l'amitié, parce que celui-ci, sans abuser de sa puissance et *sans offenser personne par des injustices, rendra à chacun ce qui lui est dû... La splendeur de sa justice* et de sa gloire impériale, *sa haute intelligence et sa profonde sagesse...* le distingueront (entre tous)... de même encore *l'ardeur de sa charité et de son zèle pour la religion*... Il sera comme le soleil au milieu des astres, c'est-à-dire qu'il marchera dans son empire au milieu des princes ses alliés qui exécuteront ses volontés et l'imiteront. Son règne (son gouvernement) sera le plus solide appui de l'Eglise catholique et de *sa maison royale* parce que son règne sera assuré pour sa postérité, jusqu'à ce que l'apostasie soit arrivée et qu'on ait vu paraître le fils de perdition... La puissance de ce Monarque brillera surtout par son zèle pour la Religion et par le feu de sa charité envers Dieu et le prochain; et de même que le feu dompte tout, ainsi ce souverain domptera et dominera tout... Il agrandira et étendra son empire sur terre et sur mer, car il soumettra la terre et les îles des mers à sa domination. La grandeur et l'étendue de sa puissance sera immense. » (Tom. II, pages 4 et suivantes.)

— « Son règne sera un règne saint et stable, appuyé sur la protection du Dieu tout-puissant... Ce monarque *par ses grandes vertus* imitera son Sauveur Jésus-Christ : car *il sera humble, doux, aimant la vérité et la justice, puissant par ses armes, prudent, sage, zélé pour la gloire de Dieu*... Il sera un grand monarque, riche et puissant, et le dominateur des dominateurs. Il vaincra les rois des nations et sera plein de la charité de Dieu. » (Tome II, p. 150 et 152.)

— « Avec sa grande et forte armée il traversera les royaumes des nations, les républiques et les places fortes, qu'il percera de part en part... Il ne livrera aucun combat qu'il n'en résulte la victoire pour ses armes ou de grandes pertes et un grand carnage pour l'ennemi. Il est raconté de Jonathas et de Saül, dans l'Ancien Testament (II Reg. I, 22) que « jamais la flèche de Jonathas ne revint altérée de la graisse et du sang », et que « jamais l'épée de Saül ne sortit oisive des combats ». Or telle sera parfaitement l'armée de ce grand et puissant Roi... (Elle) n'entreprendra rien sans son avis, et c'est lui-même qui la dirigera par ses conseils, comme il est raconté d'Alexandre le Grand... Son armée lui obéira à la perfection; elle lui sera attachée et l'aimera de telle sorte qu'il la maniera comme un bâton, et opérera par elle des choses grandes, étonnantes, admirables... » (T. II, p. 152 et 153.)

— « *Le grand et saint Pontife*... que Dieu suscitera en ces jours... poussé par une inspiration divine, exhortera et engagera ce Monarque d'entreprendre cette guerre sacrée (contre les hérétiques et les Turcs)... Il excitera les cœurs des princes et les engagera à s'unir pour entreprendre cette guerre. Et Dieu disposera les cœurs des soldats, de manière à ce qu'ils adhèrent d'esprit et de cœur à l'entreprise de leur monarque puissant... Et ce grand monarque exterminera ou soumettra à son pouvoir les nations des Turcs et des hérétiques et occupera leurs terres »...

« *Les États de l'Église* et leurs alliés, étroitement et fortement unis, *rassembleront et enverront une autre armée* en aide au grand Monarque... commandée par *un grand général en chef* que *le saint Pontife constituera ou désignera*... Très-grande effusion de sang que Dieu, dans sa colère et son indignation, fera verser à ses ennemis par ses armées chrétiennes... immense carnage... Si grande effusion de sang que les chevaux nageront presque dans le sang des morts et des blessés. » (Tome II, p. 153, 154 et 157.)

— « Le 6ᵉ âge sera un âge de consolation, dans lequel Dieu consolera son Église sainte de l'affliction et des grandes tribulations qu'elle aura endurées dans le 5ᵉ âge. Toutes les nations seront rendues à l'unité de la foi catholique. Le sacerdoce fleurira plus que jamais, et les hommes chercheront le royaume de Dieu et sa justice en toute sollicitude. Le Seigneur donnera à son Eglise de bons pasteurs... Il la réjouira par la prospérité la plus grande... Toutes les hérésies seront reléguées en enfer... Toutes les nations viendront et adoreront le Seigneur leur Dieu dans la vraie foi catholique et romaine. Beaucoup de saints et de docteurs fleuriront sur la terre. Les hommes aimeront le jugement et la justice. La paix règnera dans l'univers, parce que la puissance divine liera Satan pour plusieurs années, etc... jusqu'à ce que vienne le fils de perdition, qui le déliera de nouveau, etc... L'esprit de sagesse sera répandu par Dieu en abondance sur toute la surface du globe, en ce temps-là. Car les hommes craindront le Seigneur leur Dieu ; ils observeront sa loi et le serviront de tout leur cœur. Les sciences seront multipliées et parfaites sur la terre. La sainte Ecriture sera comprise unanimement, sans controverse et sans erreur des hérésies. Les hommes seront éclairés tant dans les sciences naturelles que dans les sciences célestes... Dans ce sixième âge, il y aura amour, concorde et paix parfaite...

« L'Eglise sera particulièrement sainte et vraie dans ce sixième âge : *sainte*, parce que les hommes marcheront alors de tout leur cœur dans les voies du Seigneur et qu'ils chercheront le royaume de Dieu en toute sollicitude. L'Eglise sera *vraie*, parce que, après que toutes les sectes auront été reléguées en enfer, elle sera reconnue pour vraie sur toute la surface de la terre. » (Tom. 1ᵉʳ, page 183-186.)

— « La félicité de cet âge consistera : 1° dans l'interprétation vraie, claire et unanime de la sainte Ecriture. Les fidèles du Christ, répandus sur toute la surface du globe, seront attachés à l'Eglise de cœur et d'esprit dans l'unité de la foi et dans l'observance des bonnes mœurs... Aucun hérétique ne pourra plus pervertir le sens de la parole de Dieu, parce que dans ce sixième âge il y aura *un Concile œcuménique*, le plus grand qui ait jamais eu lieu, dans lequel, par une faveur particulière de Dieu, par la puissance du Monarque annoncé, par l'autorité du saint Pontife et par l'unité des princes les plus pieux, toutes les hérésies et *l'athéisme* seront proscrits et bannis de la terre. On y déclarera *le sens légitime de la sainte Écriture*, qui sera crue et admise par tout le monde, parce que Dieu aura ouvert la porte de sa grâce. 2° Cette félicité consistera dans un nombre immense de fidèles : car, en ce temps-là, tous les peuples et les nations afflueront vers une seule bergerie, et y entreront par la seule porte de vraie foi. C'est ainsi que s'accomplira la prophétie de saint Jean, (x, 16) : « Il y aura un seul pasteur et un seul bercail » ; et aussi cette autre de saint Matthieu (xiv, 14) : « Cet Evangile du royaume sera prêché dans tout l'uni- « vers, comme un témoignage pour toutes les nations, et « alors la fin arrivera ». 3° Cette félicité consistera dans la multitude des prédestinés. En effet un grand nombre de fidèles seront sauvés dans ce temps-là, parce que la vraie foi éclatera de splendeur, et que la justice abondera. » (Tom. Ier, p. 183 et suiv.)

— « Jésus-Christ promet... la conversion des hérétiques, des schismatiques et de tous ceux qui errent dans la foi. Et cette conversion aura lieu au sixième âge, *lorsque l'Eglise grecque s'unira de nouveau à l'Eglise latine...* (Par) la force, l'efficacité et l'abondance de la grâce et de la bonté de Dieu... *des nations entières, et même tous les peuples,* viennent l'adorer en se soumettant à l'Eglise catholique qui deviendra leur mère. » (Tom. Ier, p. 193-94.)

— « C'est *par l'œuvre et la puissance du (grand) Monarque* que *ce Concile général...* qui sera le plus grand et le plus célèbre de tous... sera assemblé, protégé et arrivera à bonne fin...

« Ce concile... à cause de la clarté avec laquelle il expliquera le sens de la sainte Ecriture ; et à cause de la pureté des dogmes de foi... de la doctrine saine, unanime et sainte en matière de foi et de bonnes mœurs... qu'on y proclamera... sera reçu (d'abord) avec acclamation et d'un consentement unanime. »

« (Le grand Monarque) emploiera toute sa puissance pour en faire exécuter les sentences et les décrets. Le Dieu du ciel le bénira et mettra toutes choses en ses mains et son pouvoir... Par ses édits impériaux il ordonnera d'exécuter eu toute rigueur, en faveur de la foi catholique et orthodoxe, les ordonnances du Concile ; et ses édits arriveront à toutes les nations de la terre et des îles... (Mais l'exécution de ce Concile) produira une grande commotion, car cette œuvre de Dieu ne se réalisera pas sans de grandes difficultés, ni sans résistance ; elle sera même arrosée du sang des martyrs : car le monde, la chair et le démon ont toujours résisté et résisteront toujours aux œuvres de Dieu...

« L'empire de ce grand Monarque et la propagation de la vraie foi sur la terre ne s'obtiendront pas sans bruit et sans orage... Murmures, protestations et cris de ceux qui voudront résister à la volonté de ce Monarque et qui voudront le frapper : car il s'élèvera en ce temps une grande tempête... d'abord soulevée par les puissances séculières; les princes, les grands s'insurgeront contre ce monarque et murmureront. Ils feront entendre leurs voix à l'occasion de ce Concile, pour lui résister et pour en frapper les décrets... (Ils) résisteront par les armes au grand Monarque et persécuteront ceux qui entreprendront de convertir les peuples à la foi catholique que le Monarque ordonnera de prêcher sur terre et sur mer... Mais parce que ce Monarque sera sous la protection de Dieu, tous leurs efforts seront vains et inutiles... ils ne pourront pas lui résister et encore moins lui nuire...

« L'exécution de ce Concile éprouvera aussi une grande difficulté de la part des mauvais prêtres, lorsque les Vénus devront entièrement disparaître, ainsi que les idoles d'or et d'argent et la vie oisive...

« L'Église devra (donc) subir des amertumes, des tribulations et beaucoup de difficultés dans l'exécution de ce Concile; mais ces maux ne prévaudront pas, et les ennemis de l'Eglise ne pourront pas empêcher la grande œuvre de Dieu de s'accomplir...

... « Pour consoler et rassurer l'Eglise... le troisième effet de ce (Concile) sera la prédication de l'Evangile et de la foi catholique *aux nations, aux peuples, aux hommes de diverses langues, et à plusieurs rois*, c'est-à-dire dans les pays que le mahométisme, le schisme, le protestantisme, ou toute autre secte avaient séparés du sein de leur mère, qui est l'Eglise romaine...

« Le quatrième effet du (Concile) et son but sera... la conversion de presque tout l'univers à la foi catholique une, vraie, apostolique et sainte : car l'Eglise latine s'étendra au long et au large, sur terre et sur mer, en Amérique, en Afrique, en Asie et en Europe... en Chine, aux Indes, dans le Japon et dans d'autres contrées encore... Et elle sera consolée et glorifiée...

« Le saint sacrifice de la messe.... sera célébré sur toute la surface de la terre ; et le nom de Notre-Seigneur Jésus-Christ sera glorifié sur l'autel avec une grande foi, d'abord par les prêtres... qui seront répandus sur toute la terre en grande multitude, et aussi (par) *les chrétiens, qui auront un très-grand zèle pour assister à ce sacrifice auguste, et pour fréquenter la table sainte...*

« Quelque grande que doive être l'étendue de l'Eglise latine dans le sixième âge, jamais cependant la Palestine, la Terre-Sainte et d'autres royaumes de l'Orient n'appartiendront au bercail de Jésus-Christ. Car c'est dans ces terres réservées aux Gentils que naîtra et que surgira le royaume du fils de perdition que tous les juifs reconnaîtront pour leur Roi. » (Tom. II, page 6-22 : Proph. du V. Holzhauser, de 1642 à 1654.)

141. Tous les peuples de l'Orient sans exception ont des traditions depuis les temps les plus reculés, parfaitement conformes à celles de l'Occident. Elles s'accordent pour annoncer « la destruction de l'Empire Ottoman par les chrétiens, c'est-à-dire par les Français. Un grand Monarque les conduira; il soumettra à la religion du Christ tout l'Orient dont il sera tout à la fois le vainqueur et le sauveur ».

Nous citons textuellement les principales :

— Raoul de Dicet, chroniqueur anglais du 12e siècle, raconte que, sur une des portes de Constantinople, *la Porte d'or*, par laquelle entraient les triomphateurs, était gravée cette inscription prophétique :

« Quand viendra *le Roi blond d'Occident*, je m'ouvrirai de moi-même. »

Les Turcs ont fait murer cette porte parce que, d'après cette prédiction et plusieurs autres, ils sont persuadés qu'un jour la *Porte d'or* livrera passage aux chrétiens qui s'empareront de la ville et détruiront leur empire.

— « La fortune flottera entre les Turcs et les Egyptiens... Tantôt ceux-ci battront leurs ennemis, et tantôt ils seront vaincus par eux. Et lorsque enfin les Egyptiens succomberont, ce sera après avoir chèrement vendu leur chute aux Turcs...

« Les chrétiens traverseront la mer dans un élan spontané, avec tant de rapidité et tant de troupes que l'on croira que toute la terre chrétienne vole en Orient...

« La foi de Notre-Seigneur Jésus-Christ sera portée dans la province de l'Orient ; la croyance de Mahomet cessera, et les Mahométans, les Indiens et les Juifs demanderont le baptême de Jésus-Christ.

« Les Turcs embrasseront la foi du Christ, et les chrétiens qui avaient renié le Christ reviendront sous son joug si doux, et les empires seront soumis à un seul souverain. » (Proph. publiée en 1552 par Torquati.)

— « Les Turcs seront extirpés. On verra les hommes passer la mer par grandes compagnies, et l'Église de Sainte-Sophie sera en valeur, et viendra toute félicité. Le lion sauvage (Turc) sera amené à la Mère Eglise chrétienne avec un lacs de soie, et sera faite nouvelle réformation qui durera longtemps. Et le nom de l'Empereur des Turcs ne sera plus ouï entre les catholiques. » (Proph. publiée en 1561.)

— « Un jour la Mecque, Médine et autres villes de l'Arabie-Heureuse seront détruites, et les cendres de

Mahomet, ainsi que de ses partisans, seront dispersées sous les quatre vents du ciel. Ce sera un certain prince chrétien, né dans un pays septentrional (l'Europe, la France par rapport à l'Arabie), qui exécutera tout cela, et il prendra en même temps possession de l'Egypte et de la Palestine. » (Proph. publiée en 1821.)

— « Damas doit revoir, dans un temps qui n'est pas éloigné, des massacres qui porteront l'épouvante jusqu'à Beyrouth. Les chrétiens se réuniront sur le mont Liban. *Un grand roi de la fleur de lis* sera leur défenseur; il viendra à leur secours avec de grandes armées, il se livrera un grand combat entre Alger et Jérusalem, où le roi d'Egypte et quatre-vingt-quatre mille musulmans seront anéantis. Le Sultan se retirera à Damas, où il périra dans la Mosquée. La Mecque sera détruite et l'Islamisme anéanti. » (Proph. du 14e siècle, publiée en 1861.)

— Une autre de ces antiques prophéties d'Orient a été citée dans un récent opuscule [1] :

La prédiction disait « que ce serait *dans le vieux tronc royal de France la branche la plus magnifique* par laquelle s'accomplirait ce grand événement (l'expulsion des Turcs et la délivrance des Grecs); que le drapeau de la paix flotterait sur cette victoire et qu'on le confondrait avec les lis, emblème de l'antique race...; que l'œuvre serait longue et interrompue, si bien que le découragement abattrait les cœurs les plus résolus; que l'espoir renaîtrait pourtant, quand tout semblerait à jamais perdu; et que, parmi les monarques de France, ce serait encore un *neuvième* qui terminerait les modernes croisades, comme un neuvième avait terminé les anciennes. »

1. *Le comte de Chambord en Orient.* — Toulouse, 1871.

Les Grecs, par suite de supputations cabalistiques, croient que le grand événement s'accomplira (ou commencera de s'accomplir) en 1874.

Si le comte de Chambord monte sur le trône de ses pères, il sera le *neuvième* depuis Henri IV.

142. « Un prince d'Aquilon — (la France est au nord par rapport à l'Italie) — parcourra toute l'Europe *avec une grande armée ; il renversera les républiques* et exterminera les rebelles ; son glaive, mû par Dieu, défendra énergiquement l'Église du Christ. *Ce Souverain combattra pour la foi orthodoxe, et conquerra l'empire mahométan. Un nouveau Pasteur de l'Église viendra d'un littoral après un signe céleste* ; il enseignera le peuple avec simplicité de cœur et selon la doctrine du Christ ; et la paix sera rendue au siècle. » (Proph. Augustinienne, Italie, en 1675.)

143. « Je vis un homme d'une figure resplendissante comme la face des anges monter sur les ruines de Sion. *Une lumière céleste* descendit du ciel sur sa tête, comme autrefois les langues de feu sur les têtes des apôtres, et les enfants de Sion se prosternèrent à ses pieds, et il les bénit ; et il appelle les Samaritains et les Gentils et ils se convertissent à sa voix... *Et je vis venir d'Orient un jeune homme d'une beauté remarquable, monté sur un lion,* et il tenait une épée flamboyante à la main, *et le coq chantait* devant lui ; et le lion mit le pied sur la tête du dragon ; et sur son passage tous les peuples s'inclinaient, car l'esprit de Dieu était en lui ; et il vint aussi sur les ruines de Sion, et il mit la main dans la main du *Pontife*, et ils appelèrent les peuples qui accourent, et ils leur dirent : « Vous ne serez heureux et forts qu'unis dans une même foi et un même amour. » Et une voix sortit du ciel du

milieu des éclairs et dit : « Voici ceux que j'ai choisis pour mettre la paix entre l'archange et le dragon, et ils doivent renouveler la face de la terre; et ils ont mon verbe et mon bras; c'est mon esprit qui les guide. » Et je vis alors des choses merveilleuses, et j'entendis des cantiques s'élever de la terre vers les cieux. Puis j'aperçus à l'horizon un feu ardent, et ma vue se troubla, et je me réveillai épouvanté. » (Proph. de Prémol avant 1789.)

144. « Ma justice aura son tour, dit Jésus-Christ. Elle triomphera des uns (les méchants) et fera triompher les autres (les bons), et tout cela par les mérites de mon sang et le triomphe de ma Passion.... Cela est juste et nécessaire : il faut enfin que la vertu opprimée paraisse et l'emporte à son tour; il faut que tout rentre dans l'ordre.....

« Je vois (dit la Sœur) dans la divinité *une grande puissance* qui par un second bouleversement rétablira le bon ordre.

« Je vois en Dieu *une assemblée nombreuse des ministres de l'Église qui soutiendra les droits de l'Église et de son chef*, rétablira son ancienne discipline. En particulier, je vois deux ministres du Seigneur qui se signalent dans ce glorieux combat par la vertu du Saint-Esprit... Cette sainte assemblée foudroiera et détruira le principe vicieux de cette criminelle Constitution (la Constitution française moderne, basée sur les principes de 89 et les droits de l'homme).

« Tous les abus de la Révolution seront détruits, et les autels du vrai Dieu rétablis. Les anciens usages seront remis en vigueur, et la Religion, du moins à quelques égards, deviendra plus florissante que jamais

« Après que Dieu aura satisfait sa justice, il versera des

grâces abondantes sur son Église, il étendra la foi ; il ranimera la discipline de l'Église dans tous les contrées où elle était devenue tiède et relâchée. L'Église deviendra, par sa foi et sa piété, plus fervente et plus florissante que jamais... Ses persécuteurs viendront se jeter à ses pieds, la reconnaître et demander pardon à Dieu... Elle s'étendra en plusieurs royaumes, même en des lieux où depuis plusieurs siècles elle n'existait plus. Elle jouira d'une paix profonde pendant un temps qui paraît devoir être un peu long. » (Proph. de Sœur Nativité en 1791-92.)

145. « Ce ne sera pas celui qu'on croira qui règnera ; ce sera le sauveur accordé à la France et sur lequel elle ne comptait pas. Le *Prince ne sera pas là, on ira le chercher. Il faudra quinze à vingt ans* pour que la France se relève de ses désastres. Cependant le calme renaîtra ; et depuis ce moment jusqu'à une paix parfaite et jusqu'à ce que la France soit plus florissante et plus tranquille que jamais, *il s'écoulera à peu près vingt ans*. Le triomphe de la religion sera tel que l'on n'a jamais rien vu de semblable. *Toutes les injustices seront réparées* ; les lois civiles seront mises en harmonie avec celles de Dieu et de l'Église ; l'instruction donnée aux enfants sera éminemment chrétienne. Les corporations d'ouvriers seront rétablies. Revenez me voir (dit Sœur Marianne à Sœur Providence) : j'ai bien d'autres choses à vous dire. Ah ! que c'est beau ! que c'est beau, ce que j'ai à vous dire ! » (Proph. de Blois, en 1804.)

146. « Je vois, à l'aspect de celui qu'on a méconnu, le monde fléchir et tomber. Une femme l'a sauvé, une femme le suit. Un ministre du Très-Haut le soutient. Ce ministre vient d'être oint de l'huile sainte ; Dieu les accompagne.

« *Voilà votre Roi...* Je vis alors *les clefs lumineuses* paraître vers le Nord. *Un Saint* lève les mains au ciel ; il apaise la colère de Dieu. Il monte sur le trône de saint Pierre. Le *grand Monarque* monte sur celui de ses pères ; *le trône est posé au midi.* Tout s'apaise à leur voix. Les autels se relèvent. La religion renaît ; les méchants sont détruits et confondus ; *les injustices se réparent.* Le grand Monarque, de *sa main réparatrice*, a tout sauvé. » (Proph. d'une Religieuse de Belley en 1810.)

147. « Ce *grand Monarque* que Dieu nous garde est *de la branche aînée des Bourbons. Je vois un rameau d'une branche coupée...* Le grand Monarque fera des choses si extraordinaires et si miraculeuses que les incrédules seront forcés d'y reconnaître le doigt de Dieu. Sous le règne du grand Monarque, *toute justice sera rendue.* Dieu se servira de lui pour exterminer *toutes les sectes hérétiques, toutes les superstitions des gentils,* et pour établir, de concert avec *le Pontife saint*, la religion catholique dans tout l'univers, excepté dans la Palestine, pays de malédiction. Après cette crise dont il est parlé, il y aura *un Concile général*, malgré les quelques oppositions du clergé lui-même. Ensuite il n'y aura plus qu'un troupeau et un seul pasteur, parce que toutes les sectes hérétiques, moins les Juifs dont la masse ne se convertira qu'après la mort de la bête, entreront dans l'Église latine, dont le triomphe continuera jusqu'à la venue de l'Antechrist. » (Proph. de l'abbé Souffrant en 1817.)

148. « Après ce terrible châtiment (suite de la vision de 1820) je vis tout à coup le ciel s'éclaircir. Saint Pierre descendit le nouveau, vêtu pontificalement, accompagné des anges qui chantaient des hymnes à sa gloire, le reconnaissant ainsi comme prince de la terre. Je vis ensuite

descendre du ciel l'apôtre saint Paul qui, par ordre de Dieu, parcourut l'univers, enchaîna les démons, et les amena devant saint Pierre. Celui-ci leur ordonna de rentrer dans les cavernes ténébreuses d'où ils étaient sortis.

« Alors parut sur la terre *une belle clarté*, qui annonçait la réconciliation de Dieu avec les hommes. Les anges conduisirent devant le trône du Prince des apôtres le petit troupeau qui était resté fidèle à Jésus-Christ. Ces bons et fervents chrétiens lui présentèrent leurs hommages respectueux, et, bénissant Dieu, remercièrent l'apôtre de les avoir préservés de la ruine générale, et d'avoir conservé et soutenu l'Église de Jésus-Christ, en ne permettant pas qu'elle fût entraînée par les fausses maximes du monde. Le Saint choisit alors le *nouveau Pontife*. L'Église fut ensuite reconstituée, les Ordres religieux rétablis; et les maisons des chrétiens ressemblaient aux maisons religieuses, tant étaient grands la ferveur et le zèle pour la gloire de Dieu.

« Ce fut de cette manière que s'accomplit, *en un moment*, l'éclatant triomphe de l'Église catholique. Elle était louée, estimée et vénérée de tous... Tous se donnèrent à elle en reconnaissant le Souverain Pontife pour Vicaire de Jésus-Christ. » (Proph. de la Vén. Elisabeth Canori-Mora, en 1820.)

149. « Après tout cela (la ruine de Paris), le ciel s'éclaircit (suite de la vision de 1820), et, d'une nuit affreuse, je vis le plus beau jour que j'eusse jamais vu. Un doux printemps se faisait sentir, et tout paraissait dans l'ordre le plus parfait. Je vis des personnes de toutes qualités, qui étaient en si grand nombre, que c'était comme une fourmilière; je n'ai jamais vu de figures si

contentes; elles avaient je ne sais quoi qui inspirait la joie; elles se tenaient toutes dans un profond respect, et un silence général régnait, quand j'aperçus une grande place, autour de laquelle toutes ces personnes me parurent réunies. Au milieu de cette place, je vis une tige semblable à une belle pyramide dont la cime paraissait s'élever jusqu'au ciel... Une colombe blanche comme la neige voltigeait dessus... J'admirais tout cela, lorsque j'entendis un chant si mélodieux qu'il me semblait venir du ciel, et que j'en fus toute ravie; au même instant j'aperçus une nombreuse procession de tous les Ordres religieux et ecclésiastiques, c'est-à-dire des prêtres, des évêques, des archevêques, des cardinaux, enfin de tous les ordres. De ce nombre deux surtout fixèrent mon attention; ils avaient l'air tout rempli de l'amour de Dieu. — Il y en avait un dont je ne connaissais pas le costume; l'autre était à côté de lui dans une posture respectueuse, c'est-à-dire à genoux. Dans ce moment je vis la colombe, qui était sur la cime de la tige, venir se poser sur la tête de celui dont le costume m'était inconnu (le Pape), lequel mit la main sur la tête de celui qui était à genoux (le grand Monarque), et alors la colombe vint aussi se poser sur la tête de celui-ci, puis retourna sur l'autre; tout le clergé, chacun selon son rang, entourait *la personne sacrée du Pontife*; les principaux l'approchaient de plus près....

« Le chant continuait toujours, il s'y mêlait des cris d'allégresse, mais sans confusion; ils disaient : Gloire à Dieu dans les cieux, et paix sur la terre ! Vive la religion dans tous les cœurs ! Vive le Pape !. Vive le *grand Monarque*, le soutien de la religion !

« Ensuite la procession s'avança vers les portes du

midi et du couchant, et sortit par les portes du levant et du nord, continuant de faire entendre le chant le plus mélodieux. Dans cette multitude sans nombre, il y avait des personnes de plusieurs royaumes, mais elles n'avaient toutes qu'un cœur, un même esprit et une même volonté ! » (Prophétie d'une ancienne Religieuse Trappistine, en 1820.)

150. « Après les ténèbres, *une apparition céleste* viendra rassurer les fidèles : saint Pierre et saint Paul se montreront sur les nuées, et, descendant des cieux, prêcheront dans tout l'univers, et désigneront le Pape, successeur de Pie IX : *une grande lumière* jaillissant de leurs personnes ira se reposer sur le futur Pape... La *Santa-Casa* de Lorette sera transportée par les anges à Rome, dans l'église de Sainte-Marie Majeure... L'archange saint Michel, paraissant sur la terre, tiendra le démon enchaîné jusqu'à l'époque de la prédication de l'Antechrist.

« A la suite des signes et des apparitions célestes, la foi au surnaturel rentrera dans le cœur des hommes, et d'innombrables conversions d'hérétiques s'opéreront. L'Eglise, après avoir traversé toutes ces douloureuses épreuves, remportera un triomphe si éclatant que les hommes en seront stupéfaits. Des nations entières retourneront à l'unité de l'Eglise romaine; d'innombrables gentils renonceront au culte des idoles. La Russie, l'Angleterre et la Chine se convertiront. Les fidèles eux aussi rivaliseront de ferveur avec les nouveaux convertis. La Religion étendra partout son empire, et la terre changera de face. » (Proph. de la Vén. Anna-Maria Taïgi, au 19e siècle.)

151. « Les hommes commettront ce dernier crime

(l'assassinat du duc de Berry) que je t'ai révélé; mais de ce prince il naîtra un enfant. Cet enfant sera *doué de toutes les vertus*, et il sera selon mon cœur, *et il régnera lorsque j'aurai fait disparaître les impies de dessus la surface de la terre, et il apportera avec lui le bonheur et la paix......* Seigneur, votre parole est véritable. Ce prince vous adorera afin de nous apprendre à vous adorer ; il vous aimera, Seigneur, pour que nous sachions vous aimer.... Il sera *le réparateur et le sauveur* de ma patrie. Le Seigneur me dit : Voici ce qu'il faut désirer, *qu'il soit doux et humble de cœur*. Et la voix du Seigneur me dit encore : Je lui donnerai toute puissance sur la terre, et il marchera à ma droite jusqu'à ce que je réduise ses ennemis à le servir. Et le sceptre lui sera donné pour défendre l'autel et le trône, et ses ennemis trembleront au jour de sa force. *Il sera le Roi fort*, et il marchera avec *le Pape saint*. Il gagnera les nations, et il les changera en de vrais adorateurs. Et tous ceux qui font souffrir des maux à mes serviteurs seront chassés loin de moi, et ils seront regardés comme des insensés qui ont dit dans leur cœur : Il n'y a point de Dieu. » (Proph. d'une Religieuse de *. 1816-1830.)

152. « Voici ce que dit le Seigneur : La famille royale ne périra pas ; je me la suis choisie ; je la sauverai de Sodome, et l'enfant je le garderai pour la France... Et quand le sang aura coulé, *l'enfant des lis* rentrera en France. *Il n'ira point habiter Paris*, car les bêtes elles-mêmes n'en approcheront plus. *Il choisira sa capitale vers le midi.* La religion brillera, car il y aura un renouvellement de toutes choses. » (Proph. de la Relig. de Lyelbe, vers 1823.)

153. » Je compris alors (en 1830) que le royal enfant

qu'on emmenait en exil reviendrait plus tard pour gouverner la France. Le saint archange Michel, en particulier, me révéla plusieurs choses à l'avance, et me dit qu'il était le protecteur spécial de la France, et qu'il y ramènerait un jour le prince Dieudonné...... Dieu élevera sur le trône (de France) *un roi modèle, un roi chrétien.* Le fils de saint Louis *aimera la religion, la bonté, la justice.* Le Seigneur lui donnera *la lumière, la sagesse et la puissance.* Lui-même l'a préparé depuis longtemps et l'a fait passer au creuset de l'épreuve et de la souffrance ; *mais il va le rappeler de l'exil.* Lui, le Seigneur, le prendra par la main, et au jour fixé il le replacera sur le trône. Sa destinée est *de réparer et de régénérer.* Alors la religion consolée refleurira, et tous les peuples béniront le règne du prince Dieudonné. » (Proph. de la Mère du Bourg, en 1830.)

154. « La paix ne reviendra point jusqu'à ce que *la fleur blanche des descendants de saint Louis* ne retourne sur le trône de France. Après ce retour il y aura un temps de grande prospérité pour la Religion, pendant lequel beaucoup de pasteurs hérétiques, *la Prusse* et *l'Angleterre tout entière* rentreront dans l'unité catholique, *ainsi que l'Orient* par la conversion des Turcs. » (Proph. de Rose-Colombe, au 19ᵉ siècle.)

155. « Ma Mère descendra dans la cité (Rome). Elle prendra les mains du vieillard assis sur un trône et lui dira : « Voici l'heure, lève-toi. Regarde tes ennemis, je les fais disparaître les uns après les autres, et ils disparaissent pour toujours. Tu m'as rendu gloire au ciel et sur la terre, je veux te rendre gloire sur la terre et au ciel. Vois les hommes : ils sont en vénération devant ton courage, en vénération devant ta puissance. *Tu vivras,*

et je vivrai avec toi. Vieillard, sèche tes larmes, je te bénis. »

« La paix reviendra dans le monde, parce que Marie soufflera sur les tempêtes et les apaisera. Son nom sera loué, béni, exalté à jamais... Sion sera rétablie, et on écrira le rétablissement de Sion dans les annales de l'histoire pour en faire passer le souvenir jusqu'au dernier âge, afin que les générations à venir louent le Seigneur...... Je vois des jours plus heureux se lever pour les générations qui viendront, je les félicite de leur bonheur et de ce que la main du Seigneur, si longtemps appesantie, se lève peu à peu.....

« France! France! combien tu es ingénieuse pour irriter et pour calmer la justice de Dieu !.... Ce qui a été pris sera rejeté, ce qui a été rejeté sera pris de nouveau. Ce qui a été aimé et estimé sera détesté et méprisé ; ce qui a été méprisé et détesté sera de nouveau estimé et aimé. Quelquefois *un vieil arbre est coupé* dans une forêt, il ne reste plus que le tronc ; mais *un rejeton pousse au printemps, et les années le développent et le font grandir ; il devient lui-même un arbre magnifique, l'honneur de la forêt.* Priez pour la France, ma fille... Ne cessez point de prier... *O France, ta gloire s'étendra au loin* ; tes enfants la porteront au delà de la vaste étendue des mers, et ceux qui ne te connaîtront que de nom prieront pour ta conservation et pour ta prospérité. » (Proph. de Marie Lataste en 1842-44.)

156. « Les deux tiers (un autre copie porte : les trois quarts) de la France perdront la foi, l'autre tiers (la quatrième partie) la conservera, mais pas vive, et pratiquera tièdement. La paix ne sera donnée au monde que lorsque les hommes seront convertis Il viendra *un grand*

Monarque qui rétablira toutes choses pour la religion et la société. Il sera l'arbitre de l'univers et le grand justicier de Dieu. Le Pape qui viendra après Pie IX ne sera pas romain. L'Eglise redeviendra très-florissante. Une nation protestante du Nord se convertira à la foi, et par le moyen de cette nation les autres nations reviendront à la foi. Et quand les hommes se convertiront, Dieu rendra la paix au monde. Puis cette paix sera troublée par le monstre; et le monstre arrivera à la fin du dix-neuvième siècle ou au plus tard au commencement du vingtième. » (Secret de Maximin : Proph. de la Salette, 1846.)

157. « Je ne verrai par les châtiments (a dit le vénérable Père). Ils seront suivis d'une réorganisation générale et d'un grand triomphe pour l'Eglise. Bienheureux ceux qui vivront en ces jours fortunés, parce que ce sera le règne d'une véritable et fraternelle charité... Vous verrez tout cela (disait-il à la Sœur Marie-Marguerite Laudi), et la joie que vous en ressentirez sera si grande qu'elle vous fera oublier toutes les peines du passé. » (Déposition au procès de béatification, sous la foi du serment, de la Sœur Marie-Marguerite Laudi, Religieuse de Saint-Philippe, pénitente du vénérable Père, et aujourd'hui âgée de 82 ans. Proph. du vénérable Père Bernard-Marie Clauti, 1846.)

158. Au milieu de tous ces grands événements, que deviendront le nouvel empire d'Allemagne, la Prusse et la Pologne? Ces derniers n^{os} vont nous l'apprendre.

Les prophéties allemandes prédisent toutes pour notre époque :

« Une guerre terrible, horrible, affreuse, un lutte formidable qui éclatera dans le Sud et qui s'étendra au Nord et à l'Occident. Une multitude prodigieuse de troupes s'avancera de l'Est vers l'Ouest ; le Midi et l'Occident se lèveront contre elles. Elles se disputeront l'empire du monde. D'une part il y aura la Russie, la Suède et tout le Nord ; de l'autre la France, l'Espagne, l'Italie, tout le Sud, une moitié du monde contre l'autre. On n'aura jamais rien vu de pareil. D'abord des hordes sauvages de Russes inonderont l'Allemagne et s'avanceront jusqu'au Rhin ; elles prendront plaisir à égorger et à incendier. Cologne verra une bataille terrible... Des rois seront tués. Les troupes du Sud marcheront sous la direction d'un chef étranger, d'un puissant sauveur qui viendra du Midi, tout à coup, à la fin, lorsque le péril sera le plus grand. Dans les premiers engagements elles vaincront les ennemis sur les bords du Rhin et les repousseront. *Le prince est couvert d'un habit blanc ; il est porté par un cheval gris, sur lequel il monte par le côté gauche, attendu qu'il est boiteux d'un pied.* Les ennemis vaincus se replieront sur le carrefour du Bouleau près de Budberg. C'est là, au milieu de la basse Allemagne, en Westphalie, que les armées tout entières se rencontreront, qu'aura lieu l'engagement définitif et que le conflit sera décidé. Le prince regarde avec une lunette d'approche vers le carrefour du Bouleau et observe l'ennemi. A son ordre, ses troupes se mettent en marche du côté d'Holtum. Il mène à la bataille ses soldats vêtus de blanc. La lutte est acharnée. Elle dure trois jours. Les soldats marchent dans le sang jusqu'aux chevilles. La bataille a lieu entre Hunna, Ham et Werl, et le principal engagement près d'un ruisseau qui coule de l'Ouest à l'Est. Dieu épouvante l'ennemi par une tempête formidable. Le prince remporte la victoire. Sa main puissante écrase les barbares et les met en fuite. Ils se sauvent au bord de la rivière et y combattent une dernière fois avec désespoir. Mais ils sont complétement écrasés. A peine quelques-uns d'entre eux s'échapperont-ils pour aller conter cette défaite inouïe. Peu de Russes retourneront chez eux pour annoncer la destruction de leur armée. Ces événements se passeront en automne. » (Proph. Allemandes, au 17ᵉ siècle.)

(Holtum et Burberg sont des villages près de Werl. Le fameux Bouleau se trouve aux environs de Werl vers Holtum.)

— Ces prophéties annoncent aussi :

« Qu'un prince puissant du Midi deviendra l'empereur « d'Allemagne.

« Qu'une seule religion alors unira tous les hommes. »

159. Les prophéties allemandes disent encore :

« Que Frédéric-Guillaume IV, actuellement empereur d'Allemagne et roi de Prusse, en sera le dernier roi, et indiquent sa fin par ces mots : « Il disparaît » ; que le royaume de Prusse fondrait comme la neige au soleil.

160. Le Frère Herrman prédit, en parlant du roi de Prusse actuel :

« Enfin celui-là porte le sceptre qui sera *le dernier de sa race*.

« Israël ose commettre un crime exécrable et digne de mort [1].

---

1. Ce crime c'est la destruction du pouvoir temporel du Pape, l'oppression et la persécution de l'Eglise catholique, l'envahissement de Rome et l'attentat à la liberté et à la vie de Pie IX : œuvres infernales poursuivies avec une persévérance et une habileté diaboliques par les sociétés secrètes de tous noms et de toutes nuances, conjurées dans le même but et dont les Juifs (Israël) tiennent aujourd'hui et dirigent en dernier ressort tous les fils, soudoient de leur or et patronnent de leur influence tous les membres et les complices.

« Le Pasteur recouvre son troupeau, l'Allemagne obtient un Roi.

« La Marche (Brandebourg), oubliant entièrement tous ses malheurs,

« Choie en toute liberté ses enfants, et l'étranger ne s'y réjouit plus.

« Les antiques bâtiments de Lehnin et de Chorin se relèvent.

« Le clergé brille des honneurs qu'on lui rend suivant l'ancien usage.

« Et le loup ne dresse plus d'embûches au noble troupeau. »

161. La prophétie de Prémol, après avoir annoncé que les deux protecteurs du royaume d'Italie et de la révolution italienne figurée par le *veau d'or* seraient *deux cornes* représentant la France impériale et la Prusse, dit :

« Voilà que la grande corne se brise contre le pavé des murailles (Sédan)... Cependant une autre grande corne sortait rapidement du front du veau d'or... et le veau d'or secouait la tête comme pour s'assurer de sa nouvelle défense. Et il se croyait puissant et fort ; mais l'esprit de ténèbres était en lui. Et l'Esprit me dit : La grande corne a été brisée et c'est un présage ; et l'autre corne (la Prusse) ne pourra défendre l'idole (le veau d'or) contre ses ennemis ; *elle sera brisée et renversée, et ses débris seront dispersés*... Et cela aura lieu... après que la *lumière viendra d'Orient* » (sous le Pape *Lumen in cœlo*, la lumière dans le ciel, premier successeur de Pie IX).

162. Quant à la Pologne, les prophéties allemandes et les traditions polonaises s'accordent à dire que :

« Les Polonais, d'abord vaincus, avec l'aide des autres

nations, combattront leurs oppresseurs et obtiendront enfin un gouvernement national ».

Le bienheureux Bobola, évêque polonais, dans une de ses apparitions dont nous avons le récit authentique, prédit, en 1817, les mêmes événements pour l'époque où il sera canonisé. Or, cette canonisation a eu lieu aux dernières fêtes du centenaire, en 1867. Nous touchons donc à leur accomplissement. De même que les prophètes allemands, le Saint marque la part principale que prendront à tous ces faits, notre chère patrie, la France et son *grand monarque*.

Et *le carrefour du Bouleau*, en Wesphalie, est toujours le champ de bataille où tout se décidera.

163. Terminons pour résumé et conclusion, par la prophétie de saint Remi :

« Apprenez, mon fils, dit-il à Clovis, que le royaume de France est prédestiné par Dieu à la défense de l'Église romaine qui est la seule véritable Église du Christ. Ce royaume sera un jour grand entre tous les royaumes de la terre ; *et il embrassera toutes les limites de l'empire romain, et soumettra tous les autres royaumes à son sceptre ; il durera jusqu'à la fin des temps ;* il sera victorieux et prospère tant qu'il restera fidèle à la foi romaine et ne commettra pas un de ces crimes qui ruinent les nations ; mais il sera rudement châtié toutes les fois qu'il sera infidèle à sa vocation. »

Alcuin au 8e siècle, Raban Maur au 9e, le moine Adson au 10e, etc., répètent cette prophétie sous cette forme :

« Nos principaux docteurs s'accordent pour nous annoncer que vers la fin des temps un des descendants du roi de France règnera sur tout l'antique empire romain, qu'il sera le plus grand de tous les rois de France et le dernier de sa race. »

Et selon une tradition moins générale et moins authentique : « Ce prince, après un règne des plus glorieux, ira à la fin, à Jérusalem, sur le Mont des Oliviers, déposer sa couronne et son sceptre ; et c'est ainsi que finira le Saint Empire romain et chrétien.

« Doctores nostri dicunt quod unus ex regibus Fran-
« corum Romanum imperium ex integro tenebit, qui in
« novissimo tempore erit, et ipse maximus et omnium
« regum ultimus.

« Postquam regnum suum feliciter gubernaverit, ad
« ultimum Hyerosolymam venit, et in monte Oliveti scep-
« trum et coronam deponet. Hic erit finis et consummatio
« Romanorum Christianorumque imperii. »

Il est bon d'observer que, un siècle après Charlemagne, au 10e, le moine Adson se servait de cette prophétie pour combattre les terreurs populaires de l'an mil sur la fin du monde, en disant que cette fin n'arriverait pas en cette année puisque « le grand roi de France qui devait soumet-
« tre tout l'ancien empire romain n'avait pas encore paru ». (Proph. de saint Remi, 6e siècle.)

*
* *

De la concordance de tous les textes prophétiques que nous avons fait passer sous vos yeux dans cette lettre et dans les précédentes, il résulte que, en se confirmant ou se complétant les uns les autres, ils s'accordent à prédire les faits principaux suivants :

1° Accroissement de la puissance du mal. 2° Guerres, catastrophes et fléaux de tous genres dans l'ordre physique et dans la société civile. 3° Humiliation et persécution générale de l'Eglise ; troubles et schisme. 4° Triomphe momentané des méchants. 5° Intervention divine par un châtiment semblable à un *petit jugement dernier*. 6° Triomphe de l'Église et de la Religion; paix et ordre stable dans la société. 7° Règne d'un Pontife saint, élu d'une manière merveilleuse, et d'un grand Monarque, conquérant, législateur, zélé défenseur et pieux protecteur de l'Eglise et de la Religion catholique. 8° Concile général, le plus grand et le plus célèbre de tous. 9° Conquête et conversion de l'Orient et de tous les hérétiques et des infidèles : *unum ovile et unus pastor*.

Sommes-nous à la veille ou loin encore de tous ces événements?

En récapitulant les signes que nous avons déjà donnés (lettre VIII), nous voyons que sont accomplis ceux qui s'appliquent à l'état moral des peuples ; ont commencé et continuent de s'accomplir les fléaux et les châtiments. Nous assistons à la division et à la confusion dans les idées politiques. Nous n'avons pas encore entendu dire : *Les choses vont rester comme cela* (n° 7), mais cela ne tardera pas, soit quand on croira la République à tout jamais affermie, soit quand s'accomplira cette autre prédiction de la Sœur Marianne : *Ce ne sera pas celui qu'on croira qui règnera* (n° 145). A un moment on croira que quelqu'un, prince royal ou impérial, règnera tranquillement; on se rassurera, et *c'est alors qu'auront lieu les événements* et qu'ensuite *viendra le sauveur accordé à la France et sur lequel elle ne comptait pas* (n°s 145 et 151) et dont elle n'a pas voulu quand il s'est présenté.

D'autres signes nous prouveront encore que nous ne devons pas être éloignés de ces événements.

Saint Léonard de Port-Maurice a prédit, au milieu du siècle dernier, que la proclamation du dogme de l'Immaculée Conception serait suivie presque aussitôt de la *paix universelle*. Voilà dix-sept ans que cette vérité a été définie :

les temps de cette grande paix ne peuvent donc tarder.

Saint François de Paule affirme, en 1489, *qu'il ne se passera pas* 400 *ans*, et la divine Majesté visitera le monde par un nouvel Ordre religieux militaire qui contribuera puissamment au triomphe de l'Eglise de la religion, et qu'en ce temps il y aura un seul troupeau et un seul pasteur (n° 136) : or 400 et 1489 font 1889 ; et la prophétie doit s'accomplir avant les 400 ans écoulés. Nous ne sommes donc pas loin.

Le Vénér. Holzhauser nous annonce que vers la fin du 5° âge, *avant le changement étonnant* opéré par la main de Dieu, *tous les hommes conspireront* à ériger des républiques. C'est bien là où nous en sommes ; nous connaissons les *conspirations* et les projets de République universelle des francs-maçons et des communeux. La stigmatisée d'Oria prédit aussi que la République s'établira en Italie, en Espagne, en France [1]. Remarquez ici cet accomplis-

---

1. La stigmatisée d'Oria, près de Naples, est une sainte veuve du nom de dame Palma, que Notre-Seigneur a honorée des sacrés stigmates et du don de prophétie (voir l'*Univers*, 14 mars 1869). Nous n'avons pas mentionné ses prédictions parce qu'elles n'ont pas le degré d'authenticité désirable. Elles ne sont connues que par des récits qui, se transmettant de vive voix s'altèrent toujours plus ou moins. Du reste elles s'accordent avec toutes les autres prophéties que nous avons rapportées. Voici en substance celles qu'elle a faites depuis une dizaine d'années : 1° la République sera proclamée en France, en Espagne et en Italie, et sera suivie de la guerre civile dans ces pays. 2° L'ex-empereur Napoléon est menacé d'une mort violente loin des Tuileries. 3° D'autres châtiments, comme la peste et la famine, accompagneront les troubles civils. 4° Des prodiges et des signes apparaîtront dans le ciel. 5° Paris sera détruit. 6° Rome en particulier souffrira beaucoup, et les méchants mettront à mort quelques dignitaires de l'Eglise. 7° Mais ils seront enfin écrasés et anéantis par l'Ange exterminateur. 8° Après une guerre relativement assez courte,

sement de la prédiction du Vénér. Holzhauser qui assurément, au milieu du 17ᵉ siècle, du grand siècle de la royauté de Louis XIV, ne pouvait pas prévoir humainement que deux cents ans plus tard tous les hommes conspireraient à ériger des républiques.

Ce saint personnage nous fournit encore un signe précieux. Il a prédit que dans le 6ᵉ âge, âge de triomphe et de consolation pour l'Eglise, il y aurait *un Concile général*, le plus grand et le plus célèbre de tous ; que l'*athéisme* y serait condamné et que ses décrets éprouveraient d'abord de la résistance dans leur exécution de la part des puissances séculières et des mauvais prêtres. Or ce Concile est ouvert; il a été réuni et il n'est que suspendu : c'est le Concile de Vatican, qui a rassemblé le plus grand nombre d'évêques de toutes les Eglises de l'univers, non-seulement des évêques des anciennes Églises d'Orient et d'Occident, mais des jeunes Eglises de l'Amérique, de la Chine et de Indes que n'avait jamais vus aucun Concile œcuménique. Et, chose bien remarquable, *les quatre premiers canons du premier décret* de ce grand Concile condamnent l'*athéisme* sous toutes ses formes ; et son second décret sur

la vraie paix sera faite, et le Pape de l'Immaculée-Conception verra le commencement du triomphe de l'Eglise. — « Ce que j'ai pu savoir de ces révélations prophétiques (dit une correspondance de Rome, du 20 décembre 1871, citée par l'*Univers* du 7 février 1872), c'est qu'elles annoncent pour l'Eglise un triomphe éclatant dont Pie IX verrait le commencement, et pour la France une série de malheurs plus grands et plus terribles que ceux par lesquels ce malheureux pays vient de passer. « Dieu est irrité, me disait-on, contre ce gouvernement de protestants et spécialement contre M. Thiers qui laisse debout dans Paris la statue de Voltaire. » (Comparez avec les lettres de Mélanie. Prophét. de la Salette.)

l'infaillibilité pontificale a déjà soulevé un commencement de résistance de la part des puissances allemandes et des mauvais prêtres. C'est donc bien le Concile annoncé. Comment le vénérable interprète pouvait-il soupçonner que l'athéisme, si peu connu de son temps, ferait de tels progrès dans la société chrétienne à notre époque, que sa condamnation par un Concile général deviendrait nécessaire? On ne peut donc pas mettre en doute l'inspiration divine de ce saint homme annonçant de tels faits avec cette précision et ces détails, deux cent-dix ans à l'avance. De là nous tirerons une seconde conclusion aussi rigoureuse que la précédente : c'est que nous touchons aux temps du grand Pape et du grand Roi. Car le même interprète inspiré nous dit que ce sera sous le Pape saint et par l'œuvre et la puissance du grand Monarque que ce Concile sera rassemblé (de nouveau), protégé, et arrivera à bonne fin, et qu'il brisera les résistances et des princes et des mauvais prêtres révoltés contre ses décrets.

Rappelons-nous enfin les dates si précises, celle de Marie Lataste surtout, exposées et expliquées dans notre lettre XVe, et nous serons convaincus qu'il ne nous reste plus qu'une couple d'années environ à attendre. La ville de Rome (c'est-à-dire les vrais chrétiens de Rome) n'est-elle pas en ce moment, avec son pontife, « comme un oiseau pris dans un filet, dans la tristesse et la désolation, environnée d'ennemis de toutes parts » ? (N° 85.) Ce signe n'est-il pas accompli? Or il doit durer 3 ans et un peu après !...

Nous ne pouvons pas saluer et vénérer d'avance celui que la *lumière celeste* viendra désigner, quand le Seigneur, après un court triomphe sur terre, nous aura privé de

Pie IX le Grand et le Saint, pour le faire triompher plus complétement aux cieux. Mais les prophètes ont pris soin de donner tant de traits physiques et moraux de la personne du futur grand monarque, qu'il nous est facile de reconnaître et d'acclamer dès maintenant SA MAJESTÉ LE ROI DE FRANCE ET L'EMPEREUR DES CHRÉTIENS.

N'est-ce pas en réalité une biographie d'HENRI V que vous venez de lire dans cette lettre? En faisant une seconde concordance entre tous ces faits particuliers, vous l'auriez suivie et complète.

Tous les siècles ont parlé. Vous avez remarqué qu'après les deux premiers n°s 125 et 126, qui sont comme une sorte d'introduction et d'indication générale, les autres se succèdent par ordre de dates. Ils apportent leurs témoignages à partir du 11e jusqu'au 19e siècle. Après les prédictions qui regardent l'Allemagne et qui elles aussi élèvent leurs voix dans ce concert unanime, nos prophéties se terminent, comme en une sorte de récapitulation, par l'antique prédiction de saint Remy. Voyez, toutes apportent leur ligne au tableau, leur détail à la biographie d'Henri V, le grand monarque prédit et attendu depuis l'origine de la nation française !

— Le temps de sa venue est annoncé pour le 19° siècle (n°s 137 et 135). Henri IV est mort en 1610. Le moine de Padoue dit que « *l'autre du même nom de Henricus* » viendra « A DIX FOIS DIX FOIS DEUX ANS ET PLUS après : dans 200 ans et plus après : vers 1810 *et plus*. L'abbé Werdin date sa prophétie de 1410 et il dit que, « APRÈS QUE QUATRE SIÈCLES SERONT PLUS QU'ÉCOULÉS » il y aura un enfant du sang des « *Rois que donneront les gens d'Artois* : 1410 et 400 font 1810 *et plus*. Ces deux dates tombent en chiffres rond et précis 10 ans avant la naissance d'Henri V, et dans le 19ᵉ siècle où il naîtra et règnera.

— L'origine du prince est marquée avec les plus grands détails : il sera de la nation du très-illustre lis, des restes du sang des Rois de France, de la postérité de Pépin, de la race des Capétiens, descendant de saint Louis, de la branche aînée des Bourbons ; son aïeul est Henri IV et son grand-père, Charles X comte d'Artois. Il s'appellera Henri.

— Son portrait physique est tracé, et le type bourbonnien indiqué : il aura le nez aquilin (n° 120). Lorsque la prophétie du Roi des lis était imprimée pour la première fois dans le *Mirabilis liber* en 1552, il n'était pas possible de prévoir ce détail sous François Iᵉʳ de la branche d'Angoulême, 67 ans avant Henri IV le 1ᵉʳ Bourbon. Son infirmité n'est même pas oubliée : il sera boiteux. En 1701 les prophètes allemands pouvaient-ils naturellement deviner que Henri V tomberait de cheval en 1841, se briserait la cuisse et à partir de ce moment serait boiteux?

— Ses qualités morales sont très-longuement énumérées.

Holzhauser surtout en fait une admirable description. Il se complaît à raconter en détail toutes les vertus, toutes les qualités de l'esprit et du cœur du restaurateur futur de la société et de la religion. Nous savons, par lui et par les autres prophètes, que ce grand Roi sera rempli de foi, de charité, de religion, de piété et de zèle ; qu'il sera pénétré de respect et de dévouement pour l'Eglise et ses pontifes ; qu'il sera bon, doux et humble de cœur ; que ses mœurs seront pures et chastes ; qu'il aimera la justice et la vérité ; qu'il sera simple, franc, loyal et ferme ; qu'il aura au plus haut degré l'intelligence, la prudence et la sagesse ; qu'il règnera en Roi chrétien, en Roi modèle; que sa mission sera de sauver, de réparer, de régénérer, et qu'il apportera le bonheur et la paix.

Quand même les prophéties ne nous auraient fourni d'autres marques caractéristiques du grand monarque à venir que ce seul portrait, sans hésiter un instant nous dirions : Ce monarque prédit, c'est Henri V, car ce portrait est le sien et ne s'applique qu'à lui. Prenez cette photographie morale qui a été commencée au 11ᵉ siècle, continuée dans les siècles suivants et achevée au 17ᵉ ; placez-la devant chacun des empereurs, rois et princes régnants ou prétendants qui existent dans le monde entier aujourd'hui, et dites-moi s'il en est un autre que le comte de Chambord à qui elle ressemble. Il est le seul au milieu de tous qui pense, qui croit, qui vive en chrétien, en catholique complet; le seul qui tienne les mêmes discours que Pie IX, qui ait la même foi et le même amour que lui; le seul qui garde les vrais principes et les proclame hautement ; le seul qui par son intelligence, sa sagesse, sa fermeté, ses vertus privées et publiques, est capable de remplir cette grande mission du Roi modèle, du Roi sauveur et régénérateur de notre malheureuse société.

— Il est appelé *jeune prince*, *jeune monarque*, *jeune guerrier*, ce qui ne s'applique pas à son âge, bien qu'un homme ne soit pas encore tenu pour vieux à 50 ans : les Latins n'employaient le mot *vieillard*, *senex*, que pour ceux qui avaient passé 60 ans. Mais il faut entendre ce qualificatif de la *nouveauté* de fonctions que le prince va remplir ; dans la force et la maturité de l'âge, il sera cependant *un jeune* guerrier, *un jeune* prince, *un jeune* monarque, n'ayant jamais encore, même comme simple particulier, pris part à aucune guerre, exercé aucune autorité, aucune fonction gouvernementale quelconque, reçu aucun hommage officiel et public en raison de sa naissance et de son rang. Il sera vraiment *jeune* en tout cela.

On a voulu, avec cette expression attaquer la prophétie d'Orval et en conclure qu'elle avait été composée après 1830, alors que le comte de Chambord était vraiment jeune d'âge; mais la prophétie de Jean de Vatiguerro, composée vers 1300 et imprimée en 1522, et celle de l'abbé Werdin composée au 13e siècle et imprimée en 1600, qui toutes deux, plusieurs centaines d'années avant sa naissance, l'appellent aussi *jeune prince* : avaient-elles les mêmes raisons ?.... Le sens véritable de cette expression, qu'emploient quatre ou cinq prophéties, est donc celui que nous avons donné.

— Ces mots *jeune prince captif, quittez l'île de la captivité*, et ces autres : « Le Pape sera emmené en *captivité* par les siens » (n° 78) signifient peut-être l'exil; mais elles doivent cacher, il me semble, quelque particularité qui m'échappe et que l'avenir dévoilera.

— Une particularité prédite par la Mère du Bourg s'est accomplie (n° 153), il y a peu de temps (1871) : Henri V a été rappelé de l'exil.

— Il ne voudra pas du drapeau tricolore (n° 132). Ceci s'est encore accompli récemment (1871).

— Il reviendra d'*Orient*, c'est-à-dire de l'Est, sans doute par l'Est de la France (n° 143).

— Un grand prince d'Orient lui donnera la lance (n° 138), c'est-à-dire des armes, des soldats; il y aura une alliance offensive et défensive faite, immédiatement après l'appel des Français, entre Henri V et l'Empereur d'Autriche, grand prince d'Orient, de l'Est, par rapport à la France.

— Que signifie *le lion*, *le coq* dont il est parlé? Faut-il entendre ces mots dans le sens figuré comme désignant des qualités physiques ou morales? Le coq peut signifier la famille d'Orléans qui avait pris le « coq » gaulois pour symbole de son règne. J'ignore si Madame la comtesse de Chambord porte le *lion* dans les armes de sa famille : si cela était, le « *unissez le lion à la fleur blanche* » de la prophétie d'Orval serait tout expliqué [1]. Est-ce le *lion* de Pie IX ?...

Peut-être s'agit-il du *lion* de Belgique, dont les soldats, réunis aux Parisiens échappés à la ruine de leur ville, seconderont le prince, et l'aideront à achever la pacification de la France et sa délivrance de tous ses ennemis (n° 138). Peut-être aussi la Belgique sera-t-elle réunie à la France sous le règne d'Henri V. La prophétie d'Olivarius et du moine de Padoue (n°s 137 et 138) paraissent l'indiquer : « *les immenses Gaules* » (toutes les Gaules) seront « *conglutinées* » dans ses mains. La Belgique faisait partie autrefois de la Gaule.

— Les guerres du Roi de France, leur nombre, leur durée, sont prédites : guerre avec l'Espagne pour soutenir les Carlistes et rétablir son cousin ; guerre en Italie pour ramener le Pape et les princes légitimes. Nous avons déjà vu que ces guerres « du Sud » seront probablement le commencement de la grande lutte qui terminera en Westphalie, au *carrefour du Bouleau*, la question allemande, et amènera, par l'écrasement de la Russie et de

---

1. On nous fait remarquer qu'en effet Mme la comtesse de Chambord porte le *lion* dans ses armes Marie d'Este, qui a épousé Henri V le 16 novembre 1846, est fille d'un archiduc d'Autriche et duc de Modène ; or la maison d'Autriche et de Modène a dans ses armes le lion de gueule ou rouge.

la Prusse, la prompte solution de la question d'Orient. Les Turcs sont chassés de Constantinople et de l'Europe. Par toutes ces victoires et ces conquêtes, l'empire romain sera reconstitué, et la couronne impériale posée par le Pape sur la tête du Roi de France. Toutes ces guerres, d'après Olivarius, dureront 49 lunes, environ 4 ans.

— Dans ces grands combats, Henri V commandera une vaillante et nombreuse armée dont le noyau le plus solide sera formé par les bataillons du dernier Ordre religieux-militaire : les « *soldats croisés* » (n° 136). Ils porteront l'image du Christ sur leurs drapeaux. Comparez les nos 134, 136 et 140.

Les zouaves pontificaux, consacrés tout dernièrement au Sacré-Cœur de Jésus (dimanche de la Pentecôte 1871), portent sur leur étendard et sur leurs habits l'image du Sacré-Cœur. Cette image est surmontée *d'une croix*. Ce corps d'élite sera peut-être le rudiment, le premier élément de ce dernier Ordre religieux-guerrier. C'est pourquoi, sans doute, la Révolution, à qui Satan donne l'instinct de prévoir de loin, a exigé et obtenu sa dissolution. Il ne sera pas difficile au Seigneur, quand le moment sera venu, de le reformer et de l'accroître.

— Pendant ou après ces guerres, quelques séditions promptement réprimées « de malencontreux maillotins », restes peut-être de l'Internationale.

— Paix universelle. Le prince a rétabli partout sur leurs trônes « *les anciens restes échappés du vieux sang de* « *la Cape* ».

« Les immenses Gaules seront déclarées par toutes les « nations grande et mère nation. » Le Roi de France règle les destinées du monde, se fait conseil souverain de toute nation et de tout peuple, etc.

A l'intérieur admirable règne : les lois et les institutions « appellent la paix ». « Dieu sera cru d'avec lui, tant prudent et sage sera le rejeton de la Cape. »

Toutes les injustices seront réparées, les corporations d'ouvriers rétablies, etc.

— Triomphe de la Religion et de l'Église ; accord des lois religieuses et civiles, etc.

Règne du Pape saint : *Lumen in cœlo*, la lumière dans le ciel, désigné dans les prophéties par ces autres expressions synonymes : *clefs lumineuses, signe céleste, lumière céleste, étoile splendide*. Il sera ramené par Henri V sur le trône pontifical. Le Saint-Siège et l'Église seront rétablis dans tous leurs droits.

Continuation et fin du Concile du Vatican.

Conversion de l'Angleterre, de l'Orient, etc. Un seul pasteur et un seul troupeau, etc.

La prédiction sur le retour de l'Orient à la vraie foi a commencé de s'accomplir par les conversions miraculeuses de nombreux musulmans qui ont eu lieu, vers la fin de 1868, à Damas en Syrie. Le *Tablet*, journal catholique anglais, nous apprend, dans ses n⁰ˢ du 16 et 23 septembre 1871, que plus de *cinq mille* musulmans de Damas, convertis par une apparition de Notre-Seigneur, se sont déclarés chrétiens et ont demandé le baptême au P. Emmanuel Forner, supérieur des RR. PP. de la Terre-Sainte. La persécution, qui a déjà éprouvé les néophytes, n'a point ébranlé leur foi, ni ralenti le mouvement de conversion. Les informations de la *Pall-Mall Gazette*, feuille qui n'est pas suspecte, appuient tous ces faits. Un nouveau témoignage les a confirmés d'une manière éclatante. Un protestant anglais, savant très-connu en Angleterre, M. Tyrwit Drake, actuellement en exploration scientifique en Syrie, écrit au *Tablet*, à la date du 13 novembre 1871, que les renseignements donnés par ce journal à ses lecteurs sont parfaitement exacts, mais que ses correspondants ne se sont pas rendu compte d'une manière complète des proportions énormes que prend ce mouvement de conversion. « Le nombre de ceux qui abandonnent l'islamisme, dit-il, est en quelque sorte incalculable, et je crois que le chiffre de vingt à vingt-cinq mille pour toute la Syrie est celui d'une évaluation modérée. » (Voir *Univers*, 1er novembre 1871, et *Semaine liturgique du diocèse de Poitiers*, n[os] des 26 novembre et 24 décembre 1871.)

— Dans ce tableau admirable que tracent les prophètes du triomphe de la religion, il ne faut pas perdre de vue ce que nous avons dit, lettre XII, de la manière d'entendre les prophéties qui décrivent l'ensemble d'une époque. Sans cela nous pourrions être désagréablement surpris. Dans le tableau que fait le prophète, les traits consolants, les faits heureux sont rapprochés les uns des autres et paraissent se toucher. Il faut tenir compte des intervalles de temps et de lieux. Ne comptons pas que dans cette période tout sera parfait et la félicité sans nuages. Holzhauser, dont la description est la plus brillante, nous donne à entendre qu'il y aura encore des combats et des épreuves. L'Église sera toujours militante : c'est sa condition ; et elle aura jusqu'à la fin plus ou moins à combattre et à souffrir ici-bas.

Les deux successeurs de Pie IX qui jouiront du triomphe seront *Lumen in cœlo*, la lumière dans le ciel, et *Ignis ardens*, le feu ardent. Ce dernier sans doute activera et achèvera l'entière conversion du monde, et sous lui s'accomplira parfaitement le *unum ovile et unus pastor*.

Je déduis cela, sans autres preuves, de ce texte : *Ignem veni mittere in terram, et quid volo nisi ut accendatur* (S. Luc, XII, 49) : « Je suis venu apporter le *feu* sur la terre, et qu'ai-je plus à cœur, sinon de le voir s'enflammer ? » *Religio depopulata* pourrait bien indiquer un anti-pape, et annoncer un orage terrible, peut-être pour les dernières années du triomphe ou celles qui le suivront.

— Mort d'Henri V, après une vingtaine d'années de règne (n°s 145 et 139), septuagénaire (n° 131), à Jérusalem, selon quelques prophéties.

Sa sépulture à Chambord, selon M. Torné.

*
* *

Remarquons comme toutes les dates données par les prophéties sur Henri V concordent admirablement. L'abbé Werdin (prophétie du 13e siècle, imprimée en 1600) annonce que le jeune prince de la postérité de Pépin (Henri V) mourra *septuagénaire*. Il l'appelle l'Aigle, à cause de la dignité d'Empereur du Saint-Empire romain dont il sera revêtu.

Selon les calculs faits plus haut sur les données prophétiques, le règne d'Henri V doit commencer vers la fin de 1872 ou de 1873. D'après ce que dit la Religieuse de Blois, la durée de ce règne serait d'une vingtaine d'années ; le prophète d'Orval compte 282 lunes, c'est-à-dire vingt-deux ans et neuf mois à peu près. Or, le prince va avoir bientôt 51 ans ! Il mourrait donc bien *septuagénaire* à l'âge d'environ 75 ans.

Il est inutile de démontrer aujourd'hui que Henri V est sûrement de la *postérité de Pépin* ; nos plus savants généalogistes ont établi d'une manière irrécusable que les trois races de nos rois n'en font véritablement qu'une seule.

Telles sont les prédictions des prophéties modernes : claires, précises, faciles à comprendre et à interpréter, devenues, par la concordance, réellement comme « un faisceau lumineux ». Depuis bien des années les fidèles les possèdent, les conservent et espèrent. Les temps sont proches, et leur accomplissement va les mettre en plus grande évidence.

Oui, soyons-en assurés, nous verrons « l'homme providentiel » et son règne glorieux. Nous n'avons pas, il est vrai, pour appuyer notre confiance, la certitude absolue des prophéties sacrées ; ni l'autorité des saintes Écritures, ni celle de l'Église n'apportent de preuves à nos affirmations. Mais la raison qui démontre la possibilité et l'existence de la prophétie privée, son origine divine et sa valeur, nous donne tout droit d'attendre, avec *une foi humaine entière*, la réalisation prochaine de nos espérances.

La France — une certaine France — ne veut pas d'Henri V. Nous le savons. Sur ce sujet, les déclarations des journaux, ces docteurs et ces conducteurs des peuples aujourd'hui, sont d'une étonnante naïveté. « Nous
« admirons, Prince, votre franc langage, votre beau
« caractère, votre énergie, votre loyauté. Vous êtes
« l'homme honnête et digne par excellence. Nous avons
« bien besoin d'un homme. Cependant nous ne vous
« prendrons pas : *vous êtes trop honnête et trop parfait*
« *pour nous.* » C'est très-vrai. Sous la mince écorce d'une espèce de civilisation, il y a tant de choses que l'œil pur, loyal et pénétrant du Prince verrait et ne souffrirait pas dans toutes les classes diverses des directeurs du peuple français ! On dit : « Les nations ont le
« gouvernement qu'elles méritent. » Si cela est certain,

nous ne méritons point le règne d'Henri V. Aussi, son retour, comme écrit un journaliste, n'est-il pas possible, à moins d'un miracle.

Ce miracle, le Seigneur le fera, non pas à cause de cette France — hélas! trop nombreuse — qui n'en est pas digne, mais à cause de son Église, qui souffre et gémit depuis plus de trois siècles; à cause de ses ministres et de ses fidèles enfants qui combattent et qui meurent pour elle; à cause de ce doux et saint Pontife qui, par sa croix et son long calvaire, nous obtiendra le jour d'un triomphe éclatant.

Le Seigneur le fera, ce miracle, pour confondre l'orgueil de tous ces sages, gouvernants, politiques, écrivains, qui dirigent la société depuis plus de trois cents ans.

Ils se sont donné pour mission de lui apprendre à se passer de Jésus-Christ et de son Église; ils ont prétendu la conduire en dehors de l'un et de l'autre, et la mener, précisément de cette manière, à une ère progressante de félicité. Les insensés! ils ont traîné cette pauvre société successivement du paganisme de la prétendue Renaissance au calvinisme, de là au jansénisme et au gallicanisme, et puis à l'aide d'un journalisme impie ils l'ont lancée à travers toutes les folies de l'erreur, philosophisme, rationalisme, libéralisme, positivisme, athéisme. En dernier terme, avec leurs solidaires, leurs pétroleuses et leurs petits-sans-Dieu, ils arrivent au *brutisme*. Voilà ce qu'ils ont fait! Voilà ce qu'ils feraient de toute famille et de toute société, si Dieu les laissait maîtres encore dix ans. Il vous arrêtera, artisans de mensonges et d'iniquités : car, par Lui bientôt régnera Celui qu'Il destine à vous régir avec la verge de fer. C'est pourquoi vous en avez si grand'peur. Vous vous êtes révoltés contre Dieu et contre son Christ : ce sera sa réponse. Il donnera à son Église son jour de triomphe et de paix, son dimanche des Rameaux ; et elle viendra à vous, pacifique et tendre dans sa force, pour vous ramener à la vérité et réparer les maux que vous avez faits:

Vous serez dans la stupéfaction, vous demeurerez ébahis de cette résurrection du « *trône et de l'autel* », de tous les trônes des Bourbons, de la double puissance de la Papauté, que vous avez travaillé, depuis bientôt quatre siècles, à renfermer dans le tombeau. Vous jetez un cri de joie et de victoire en ce moment : ils sont bien morts, dites-vous ; ils sentent mauvais; « il n'y a plus de « Bourbons sur aucun trône, le dernier vient de s'ense- « velir dans les plis de son drapeau ; la Papauté est « bien morte aussi ; c'est un cadavre déjà en disso- « lution. » Mais le Christ est là ! Tout à l'heure il va dire : *Lazare, veni foras !* Lazare, levez-vous et vivez !... Et les peuples chanteront : Hosanna !

Malgré la splendeur de ce règne désiré, malgré l'abondance des miséricordes qui vous seront offertes, malgré la raideur de la verge qui frappera sur vous, nous n'ignorons pas, « méchants », que vous vivrez toujours : vous êtes habiles à vous dissimuler et à vous cacher ; vos racines ne seront pas arrachées et ne mourront point. Après ce jour glorieux des Palmes, quand reviendra « votre heure », pour vous venger de l'Église et de la Royauté, pour vous dédommager de vos humiliations et de vos défaites, vous mènerez le monde au *satanisme*.

Ce sera « le commencement de la fin ».

APPENDICE 1.

PIÈCES JUSTIFICATIVES.

EXTRAITS DES OUVRAGES DE M. L'ABBÉ TORNÉ.

Le chiffre XVII surmontant un quatrain indique qu'il est question du traducteur en cet endroit et que Nostradamus y prédit quelque chose sur son compte. M. Torné affirme cela à la page 10 des *Lettres du grand Prophète*. Or dans les Centuries (Réédition 1862) il y a *environ une vingtaine de quatrains ainsi marqués par M. Torné lui-même*.

« Dès le mois de *juin* 1858, j'avais fait parvenir à l'Em-
« pereur un manuscrit où il put lire la plus grande par-
« tie des événements qui devaient remplir la fin de son
« règne....

« Les dons de prophétie et d'interprétation viennent de
« Dieu, dit l'Apôtre. Il n'est pas difficile de voir pourquoi
« Dieu dans sa bonté a révélé la prophétie il y a 300 ans
« *et en a donné l'interprétation*, il y a plus de douze ans...

« Nostradamus n'a pas fait sa prophétie comme méde-
« cin, je ne donne pas mon interprétation comme prê-
« tre. » (*Lettres du grand prophète*, Saint-Jean d'Angély,
1870, page 9.)

« Un des rédacteurs du *Courrier Agenais* m'envoya vers
« la fin de juillet dernier quatre articles qu'il venait de
« publier sur mes livres. Je lui adressai aussitôt une lettre
« au *Bureau du Courrier Agenais à Agen*. Cette lettre ne
« lui a point été remise, et on ne l'a retrouvée, malgré
« toutes les recherches, ni à Agen, ni à Paris. Cela m'était
« arrivé pour d'autres lettres.

« Nostradamus l'avait bien prévu :

(XVII. III. V.)
« Du grand prophète les lettres seront prinses,
« Entre les mains du tyran deviendront... »
Etc... (*Centuries*, 11, 36.)

« La police aura fait excès de zèle comme M. Bleynie,
« procureur impérial à Libourne, qui prit sur lui de sai-
« sir mon premier volume malgré ce *communiqué* aux
« ineptes critiques :

« Contra ineptos criticos... Blenni procul sunto... Sacer
« esto. — Un prêtre me traduira : Que les Blenni ne tou-
« chent pas à ses écrits ou *lettres*. » (*Centurie* VI, 100. Même
« ouvrage, p. 13 et 14.)

*
* *

« Le *Présage XI*, disais-je en 1852 dans la *Réédition*,
« est sur le temps présent. Je ne pouvais interpréter alors
« que les deux premiers vers : « Pleurer le ciel a-t-il cela
« faict faire ? La mer s'apprête. Annibal fait ses ruses. »
« On se demandera si nos malheurs viennent bien du ciel.
« Au moment où la guerre maritime s'apprêtera, l'hom-
« me à l'annibalique ire, roy rusé, fera ses ruses. Le Pré-
« sage ajoute : « *Denys mouille*, classe tarde, ne taire n'a
« sceu secret et à quoy tu t'amuses ? » Je me suis trompé
« sur l'époque de l'événement annoncé dans les deux

« premiers vers. A ce sujet, *j'ai mouillé d'encre* bien des
« pages et tenu bien des conversations. Ç'a été peine per-
« due, même longtemps après le 1er juillet 1865, *jour*
« *où, nommé curé de Saint-Denis-du-Pin, je suis* « *Denys* »
« *comme le Pape est* « *Rome* ». « Après faim, peste décou-
« vert le secret », est-il dit ailleurs dans un récit sur le
« moment actuel *où le traducteur figure encore.* » (Même
« ouvrage, p. 24 et 25.)

*
* *

« La prophétie (de Nostradamus) a été révélée en vue
« du moment même où l'on devait en avoir *l'explication*,
« et le but de son auteur a été de préparer les esprits au
« retour d'Henri V. Voici huit vers qui ne laissent aucun
« doute à ce sujet :

(XVII. III.)
« Le divin verbe sera du ciel frappé,
« Qui ne pourra procéder plus avant;
« Du résérant le secret estoupé,
« Qu'on marchera par dessus et devant. »
Etc...   (*Centurie*, II, 27.)

« Le « divin verbe » est la parole divine... Cette parole
« ou la prophétie a été frappée par Dieu, non par les
« hommes, et son *explication* qui se répandait n'a pu
« aller plus avant. Le secret de celui qui *explique* cet
« oracle a été étouffé, et l'on marche sur *l'explication* de
« la prophétie...
« Le ciel et non les hommes ont frappé le « divin
« verbe. » *M. Bleynie*, procureur impérial, a bien saisi
« le premier volume de l'interprétation de la prophétie
« (« *Blenni*, Barbari procul sunto »); mais l'autorité
« supérieure, en levant aussitôt d'elle-même la saisie,

« donna, en quelque sorte, au traducteur l'assurance
« qu'il ne serait jamais inquiété. C'est ce qui a eu lieu en
« effet. Le deuxième volume de *l'Histoire prédite et jugée*
« paraît, puis *l'Apocalypse interprétée*, et l'on dit: Il y a
« là trois miracles : miracle de prophétie, *miracle d'inter-*
« *prétation*, et miracle de liberté accordée à l'auteur.
« Celui-ci répond : Il y a un quatrième miracle : miracle
« d'incrédulité. Dieu ouvre et ferme les intelligences. Il
« a voulu que son « divin verbe » révélé, il y a 300 ans,
« *ne fût interprété que par un seul homme*, et que celui-
« ci, jouissant d'une liberté qui tient du miracle, *ne pût*
« *parvenir, durant* 12 *ans, à le faire accepter du public.*
« Pour arrêter la mer dans sa marche, Dieu lui oppose
« un grain de sable. *Il permet une erreur de date du tra-*
« *ducteur, et cela arrête tout à coup et pour longtemps la*
« *marche de sa publication.* Il ne devait découvrir le
« « secret » de cette date que des années après être
« devenu « *Denys* » *par sa nomination à la cure de Saint-*
« *Denis-du-Pin : Denis mouille* (écrit) *ne taire n'a sceu*
« *secret et à quoy tu t'amuses?* (Présage XI, signalé dès
« 1862 comme étant sur l'événement dont il cherchait
« inutilement la date.) Après faim, peste découvert le
« secret... *Le nouveau Sophe* (sage en grec) *d'un seul cer-*
« *veau l'a veu ; par ses disciples estre immortel...* (Centurie
« IV. 31.)

« On marche sur le résérant » aujourd'hui inconnu ou
« borgne », mais dont le public s'occupera bientôt
« (« viendra lemprin du Traducteur saillir » Centurie XI.
« 81. — Lampros, en grec, éclat lumière) admirant que
« sans l'aide de l'intelligence d'autrui, il ait vu ce qui était
« caché pour tous. » (Même ouvrage, p. 36, 37 et 38.)

« C'est à ce développement que le « Grand Coq » ou
« Victor-Emmanuel devra sa mort, comme le marque le
« quatrain suivant :

(III. V. XXVII. II.)
« Apparoistra temple luisant orné,
« La lampe et cierge à Borne et Breteuil... »
Etc...

« En France, le *templum* de l'augure français, appa-
« roistra par *l'éclairant Torné* (luisant, qui jette de la
« lumière), la lampe de la prophétie, la lumière em-
« pruntée à la lanterne de Rochefort, candidat
« de la Borne et celle des autres *bretteurs, le boisseau
« où est cantonnée la vraie lumière ayant été détourné*
« quand le fait de la mort du Roi de l'Italie entière sera
« venu attirer l'attention publique sur la prophétie. »
(M. Torné est bien en ce passage, de son propre aveu,
prédit par « voye » de calembour : « *luisan Torné.* »)

« A cette époque « viendra Lemprin du traducteur
« saillir (*Lampros*, éclat). Le traducteur nommé ici
« luisant orné » (*luisan Torné!*) est nommé ailleurs
« Denys » (*Présage*, XI.) comme curé de Saint-Denys-
« du Pin. Nous ne sortons pas du jeu de mots : « PAV,
« NAY, LORON » est » Napaulaion roi, le canton de Lu-
« cerne » la lucerna, « Borne et Breteuil » une borne et
« des bretteurs et non pas des lieux de France. » (Même
ouvrage, p. 113, 114, 115.)

« Ces événements donneront le plus vif éclat à la pro-
« phétie : Viendra Lemprin du traducteur saillir (lampros
« en grec, éclat).

« C'est pour marquer l'époque où la curiosité publique

« se portera sur le traducteur que Nostradamus interrompt
« le récit de ces grands événements pour dire :

(XVII. III. V. VI.)
« Dans la maison du Traducteur de Bours,
« Seront les lettres trouvées sur la table.
« Borgne, roux, blanc, chenu tiendra de cours,
« Qui changera au nouveau connestable. »

« Bours est synonyme de *Clotte*. *Le traducteur, au-
« jourd'hui Denys* » (Présage, XI) *comme curé de Saint-
« Denys-du-Pin, était curé de la Clotte quand il a trouvé
« sur sa table de travail l'interprétation* des « lettres »
« dont il est dit : « Du grand prophète les lettres seront
« prinses, les lettres cachez au cierge. (*Centurie* II. 36.
« *Cent.* VI. 35.)

« Cette dernière citation appartient à un récit qui
« s'accomplit présentement. *Les lettres que je vous adresse
« mettent en lumière ce qui était resté jusqu'à ce jour ca-
« ché*, lettre morte.

« L'expression « borgne » *est opposée à cette autre
« lemprin* ». Durant son travail *d'interprétation* « *le tra-
« ducteur* » est « borgne » *sans éclat*. Lorsque le moment
« sera venu de porter ce travail à la connaissance de
« tous, il y aura pour l'auteur, célébrité, *éclat.* Il sera
« alors « luisant orné » (luisan Torné !) Ce qui lui im-
« porte peu. »

« Roux, blanc...... » Le traducteur est *rouge de visage
« et blanc d'opinion.*

« *Chenu* tiendra de cours. *Chauve*, il tient son travail
« de court depuis le mois de juin 1858. Il lâchera les
« rênes au rétablissement de la charge de « connes-
« table ».

« Nostradamus commence la seconde de ses *Centuries*

« (dédiées à Henri V) par un quatrain tout entier sur le
« traducteur ». (*Cent.* IX, 1.)

« Le prophète a voulu montrer encore par là *qu'il
« prédit en particulier pour le temps où l'on a la traduc-
« tion de ses lettres.* » (Même ouvrage, p. 170. 171.)

« Il (Nostradamus) déclarait par là que sa prophétie
« a été faite en vue du moment où elle est interprétée. »
(Même ouvrage, page. 106.)

*
* *

«... « Et règnera Œnobarbe nez de milve. »

« La marche de ce récit nous renvoie évidemment à
« ces vers de Victor Hugo, sur Frédéric nommé Barbe-
« rousse, mot dont la signification est celle d'Œnobarbe.

« Le prophète suit pas à pas le poëte, auquel il a
« emprunté déjà le portrait de Richelieu. (Centurie VIII.
« 68, 69, 70.) »

(Même ouvrage, page 52.)

*
* *

« — Un autre secret (d'interprétation) bien important
« encore, c'est l'allusion... *à la littérature... moderne...*
« *qui... souvent n'est indiquée que par un mot... le Joas
« de Racine* (Centurie III, 91) *et le Barberousse de Victor
« Hugo* (Centurie V. 45) devenus Henri V, etc... Les
« renvois aux livres que tout savant avait en main au
« temps du Prophète s'acceptent facilement dans l'ou-
« vrage d'un savant de premier ordre, surtout quand on
« songe qu'alors c'était à qui montrerait le plus d'éru-
« dition; *mais il faut l'évidence pour accepter que Nos-
« tradamus a copié en effet Racine et Victor Hugo. Cette
« évidence, nous l'avons par le fait. Le passé et l'avenir*

« sont présents devant Dieu qui les a présentés si com-
« plétement à son prophète que celui-ci a pu dire de sa
« prophétie qu'elle n'a qu'un seul sens et unique intel-
« ligence. » On ne « pourra pas plus l'appliquer à deux
« faits dans l'avenir qu'à un fait antérieur à sa publi-
« cation. »
(Même ouvrage p. 92.)

*
* *

« Nostradamus *a fait sa prophétie en raison des cita-*
« *tions que je devais apporter en preuve.* Ceci est encore
« incroyable ; mais l'ensemble de mon travail le rendra
« évident. Cette autre citation le prouverait déjà », etc...
(Même ouvrage, p. 97.)

*
* *

« Nostradamus, pour ajouter à la force de sa prophé-
« tie, a puisé, dans les livres qui devaient tomber sous la
« main de son Traducteur, les expressions mêmes dont
« il s'est servi. Il a emprunté à Victor Hugo son portrait
« de Richelieu, la longue tirade de Frédéric Barberousse
« pour l'appliquer à son OEnobarbe, les vers sur le ma-
« riage de l'Empereur et ceux-ci composés en 1852 (le
« bord de la mer), etc... »
(Portraits prophétiques, p. 27, note *a*.)

*
* *

« Après faim, peste découvert le secret.
. . . .
« La lune au plein de Nuict sur le haut mont,
« Le nouveau Sophe d'un seul cerveau l'a veu.
« Par ses disciples être immortel Semond.
« Yeux au midi, en seins mains, corps au feu. »
(Cent. IV. 30, 31.)

*
* *

« Dans la nuit sombre, le traducteur a vu, des yeux
« de l'intelligence, et sans s'aider de l'intelligence d'au-
« trui, cet astre caché pour tous, alors que, regardant
« le ciel, il demandait le secours divin. *Traité d'insensé*
« quand il disait voir cette Lune notre salut, il sera tout
« à coup *déclaré sage* (sophos), *ses disciples l'ayant pré-
« senté comme intermédiaire de la divinité* (Semones,
« demi-dieux. W.). Alors qu'il aura les yeux tournés
« vers le midi, les mains croisées sur la poitrine, le corps
« au milieu du luminaire des funérailles. »
(*Lettres du grand prophète* p. 315. Voir aussi p. 38 et
91.)

* * *

« Que le lecteur reste convaincu que personne, pas
« plus que moi, n'aurait pu, après 12 ans d'étude, avoir
« toute la valeur des deux quatrains sur le « chef anglais,
« prince anglais ». Je redirai jusqu'à la fin ce que j'ai
« mis dans l'*Introduction* de mon premier volume (*Vie
« de Louis-Philippe*, p. XI.)
« La plupart des quatrains sur le temps présent ren-
« ferment quelque chose que l'avenir cache encore...
« Malgré mes règles d'*interprétations infaillibles jusqu'à
« ce jour, l'interprétation que l'on hasarde à l'avance est
« toujours modifiée considérablement par l'accomplissement
« des faits annoncés*. Ainsi tous les quatrains mis de côté,
« il y a deux ans, comme s'appliquant à l'époque actuelle,
« reçoivent des faits tous les jours leur interprétation ;
« cette interprétation diffère en bien des points de celle
« que je leur avais donnée. Je me tenais en deçà ou
« j'allais au delà, même je leur donnais un sens que les
« événements ont démenti, en leur en donnant un autre

« bien plus naturel que je m'étonne de n'avoir pas vu. » (*Lettres du grand Prophète*, p. 104.)

— Que dites-vous de ces règles « infaillibles » qui donnent des résultats très-faillibles ? Et ces quatrains qu'on interprète, à grand renfort de citations, d'une façon avant l'événement, et d'une autre façon après ? Et cela arrive très-souvent, *toujours*, dit M. Torné. N'est-ce pas ce que nous soutenons ? Et le « traducteur » n'avoue-t-il pas lui-même qu'on fait prédire à son « grand prophète » tout ce l'on veut ?

C'est très-facile au moyen des libertés que le « traducteur » se donne avec le texte. (Et tout le monde doit avoir le même droit.) Ainsi :

1º Dans ces vers : « La Meuse au jour terre de Luxembourg » (*Centuries*, x, 50), *la Meuse*, signifie d'après l'interprétation de M. Torné, *meus*, le mien ! (Page 14 même ouvrage.)

2º *Pau, nay, loron*, « plus feu qu'à sang sera » (*Centuries*, VIII, p. 1) est l'anagramme de *Napaulaion*, roi. (P. 11 *et passim.*)

Ce qui n'empêche pas M. Torné d'interpréter partout ailleurs le mot *nay*, de fils, enfant. (P. 107.)

3º « Pampon, Durance », dans le même quatrain, est pour *Pamponos*, mot grec composé de *pan*, tout, et *ponos* tourment, peine, douleur, — et *Durans*, mot latin de, *duro* souffrir ; et cela se traduit : Tous les maux qu'on endurera. (P. 108.)

4º « Condom et Aux et autour de Mirande »... « puis Marmande » (quatrain suivant). Ces noms de villes veulent dire, toujours d'après le traducteur : Condom, le pardon, Aux, *les eaux* de l'invasion ; Mirande, des choses admirables ; Marmande, un éclat de marbre ; parce que ce sont les mots latins et grecs : *Condono*, *Miranda*, et *Marmaron*. (P. 108.)

5° « Près Saint-Mermire » (*Cent.* VIII. 42). Ce mot désigne le cloître de Saint-Merry (par anagramme : Mermire, en grec *Mermèra*, inquiétude.) (P. 57.)

6° « Borne et Breteuil » sont une *borne* et des *bretteurs*, et non pas les lieux de France. (P. 115.)

7° *Près de Lunage* deffait grand de Valence.
(*Cent.* VIII. 12.)

Nouveau jeu de mots : « lunage est pour l'anagramme *lagune*, il a un autre sens, il rappelle le nom de lieu *Lugano*, prononcez *lugane* » (P. 141.)

8° « L'abbé de Foix avec ceux de Saint-Morre. »
(*Cent.* VIII. 12.)

Saint-Morre est pour *Saint-Maurice*, patron de la Sardaigne ; il désigne les Piémontais. Ce mot signifie aussi *sainte mort*, et désigne le Pape et ses fidèles, à qui les Piémontais ont fait subir et feront subir *une sainte mort*. (P. 135.)

9° « La Magna Vaqua à Ravenne grand trouble. »
(*Cent.* IX. 3.)

Magna-Vaccha, une des bouches du Pô fort rapprochée de Ravenne. Nostradamus joue encore sur ce nom, qu'il change un peu pour lui donner le sens qu'il veut : Columna *magna vacua*, la *grande* colonne *étant vide*. (P. 173 et 174.)

10° « Quand ceux d'Arbois, de Langres contre Bresse
« Auront Mons Dolle, bouscade d'ennemis. »
(*Cent.* V. 82.)

« Nostradamus va jouer encore sur des noms de lieux

fort rapprochés les uns des autres, les prenant pour la *France en lutte intestine*, et leur donnant en outre une signification particulière : Arbois pour arbre, Langres pour langue, Bresse pour brisa, raisin foulé, Mons, mont, montagne, Dolle, dol, fraude. P. 188.)

11° « Voudra détruire par Rouen et Evreux. »
(*Cent.* v. 84.)

« Rouen » est pour Ruens ira, colère emportée.

« Evreux » est pour Ebriosus, ebrius, plein de vin. (Page 183.)

12° « Gens d'alentour de Tarn, Lot et Garonne.
« Gardez les monts Apennines passer, etc.
(*Cent.* III. 43.)

Ces vers désignent les zouaves pontificaux, parce que :

Tarn, en latin *tarnis*, rapproche du mot grec *tharsunos* ou, en retranchant la dernière syllabe, *tarsin*, qui est l'anagramme de *tarnis*. Ce mot signifie : plein de confiance.

Lot, en grec *lotos* ou *lotus*, arbre fameux dont le fruit avait la propriété de faire oublier leur patrie à ceux qui en mangeaient.

Garonne, *garone* ou *garum*, saumure faite avec les entrailles d'un poisson nommé *garos* (saumure, eau salée).

Les zouaves pontificaux avaient une mâle assurance, ils oublièrent leur patrie pour Rome, ayant goûté du fruit de l'arbre de vie ; ils étaient le sel de la terre, etc. (P. 192 et 193.)

13° « Cahors, Moissac iront loing de la serre,
« Refus Lecture, les Agenois rasez. »
(*Cent.* VII. 12.)

Cela veut dire que l'aigle (Napoléon III), après être remonté sur le trône, perdra ses armes offensives et défensives, qui « iront loing « de sa serre ». Cahors et Moissac sont des mots grecs : *cahors* est pour *caor* qui lui-même est pour *caï aor*, comme *cagathos* est pour *caï agathos* : *caï*, qui plus est, *aor* épée, toute arme pointue ; *Moissac* est pour *moï*, en grec, à moi, et *saços*, bouclier, sens : et l'épée et bouclier à moi iront loing de la serre. — Ceux -qui *refuseront* d'abandonner l'homme gisant au *lit* (*lectore* pour le mot grec *lectron*, lit) *agiront*, seront *agenois*, agissants, en sa faveur, mais ils seront « rasez » mis à mort (p. 308).

14° « Le grand empire sera par Angleterre
 « Le *Pempotan* des ans plus de trois cents, etc.
(*Cent.* x. 100.)

Le mot *pempotan* signifie, d'après M. Torné, la *prépotence* (sans doute venant de *pan*, en grec *tout*, et *potens*, *potentia*, en latin, puissant, puissance), la toute-puissance, la prépondérance des Anglais sur mer. (*Portraits prophétiques*, p. 55.)

Etc., etc., etc.

N'est-il pas évident, pour tout esprit raisonnable, qu'avec ce système de traduction et d'interprétation, on peut trouver tout ce qu'on voudra dans Nostradamus ?

*
* *

« Nostradamus écrivait à son fils César en 1555 :
 « *Maintenant sommes conduicts par la Lune.* — S'il fait
« allusion à l'astrologie, c'est pour voiler et développer sa
« prophétie et en particulier pour revendiquer la propriété
« des célèbres prophéties dites d'Orval et d'Olivarius. C'est
« certainement dans ce dessein qu'il parle cinq fois du
« règne de la Lune pour le temps présent... Les prophé-
« ties d'Orval et d'Olivarius, si semblables entre elles, si

« semblables au fond aux Centuries où l'on retrouve en
« outre leurs expressions les plus saillantes, fixent aussi
« les époques par un calcul lunaire. Cela est déjà fort
« remarquable. Tenez, j'ai hâte de vous démontrer qu'elles
« sont bien de notre auteur...

« Les *prédictions de Philippe-Dieudonné Noël Oliva-*
« *rius, médecin astrologue*, portent la date de 1542. Celles
« de l'abbaye d'Orval, en Lorraine, imprimées dans le
« même temps, en 1544, à Luxembourg, sont attribuées
« au moine *Philippe Olivarius* (voir *la fin des Temps*,
« 1840). Les biographes n'ont pas connu d'*Olivarius*. Ces
« deux prophéties sont de Nostradamus qui habita la Lor-
« raine à la même époque.

« *Astruc (Mémoire pour servir à l'histoire de la Faculté*
« *de Montpellier)* : « *C'est dans le cours de ces voyages que*
« *Nostradamus s'arrêta quelque temps en Lorraine.....*
« *Eugène Bareste ajoute* : *En l'an* 1543 *ou* 1544, *Nostra-*
« *damus, âgé de* 40 *à* 41 *ans, revint en Provence.* » « Nos-
« tradamus, médecin-astrologue de Provence, pays des
« oliviers (*olivarius*, qui concerne les olives, W), a pris
« le pseudonyme de *Philippe-Dieu donné Noël Olivarius*,
« médecin astrologue, pour déclarer que ses prophéties
« sont, d'une façon toute particulière, pour l'époque
« où le trône usurpé par Louis-*Philippe* qu'il nomme 3
« fois *Philippe*, sur le *Dieu-donné, Noël* ou l'Attendu,
« sera remis à celui qui, colombe de l'arche durant l'exil,
« est le « gris oyseau portant au bec un verdoyant
« rameau » d'*olivier* (*olivarius*). Ce pseudonyme est une
« prophétie. Personne encore n'avait soupçonné cela. »
« (*Lettres du Grand Prophète*, p. 32, 34 et 35.)

APPENDICE II.

PIÈCES JUSTIFICATIVES.
EXTRAITS DES ŒUVRES DE NOSTRADAMUS.

Extraits de la lettre à César.

Ton tard advenement, César Nostradamus, mon fils m'a fait... mettre... longtemps (pour) référer par écrit (et à) toy délaisser mémoire... de ce que la divine essence par *astronomiques révolutions* m'a donné connaissance....
... Car la PAROLE HÉRÉDITAIRE *de l'occulte prédiction* sera dans mon estomac intercluse (renfermée)... Nous inspirant non par bacchante fureur, ne (ni) par limphatique mouvement, mais par ASSERTIONS ASTRONOMIQUES : (car) *Soli numine divino afflati praesagiunt et spiritu prophetico particularia....* (Les) prophètes par le moyen de Dieu immortel, et des bons anges, ont reçu l'esprit de vaticination par lequel ils voient les choses lointaines, et viennent à prévoir les futurs avenemens.... Quant à nous qui sommes humains, ne pouvons rien de notre naturelle connaissance et inclination d'engin (ingenii), connaître des secrets obstruses de Dieu le créateur. Combien que (quoique) aussi de présent peuvent avenir et être personnages que (auxquels) Dieu le créateur aye voulu révéler par imaginatives impressions quelques secrets de l'avenir

accordés à l'ASTROLOGIE JUDICIELLE, comme du passé ; que (qui avaient) certaine puissance et *volontaire faculté* (qui) venait par eux, comme *flambe de feu* apparoit, que luy inspirant on venait à juger les divines et humaines inspirations... Mais quant aux autres occultes vaticinations qu'on vient à recevoir par *le subtil esprit de feu*, qui quelquefois par l'entendement (est) agité, contemplant le plus haut des astres, comme étant vigilant même qu'aux prononciations, étant surprins (surpris) écrits prononçant sans contraincte moins atteinte d'invéréconde loquacité ; mais quoy tout procédait de la puissance divine du grand Dieu éternel, de qui toute bonté procède. Encor, mon fils, que j'aye inséré le nom de prophète, je ne veux (m') attribuer tiltre de si haute sublimité pour le temps présent : car prophète proprement, mon fils, est celuy qui voit choses lointaines (éloignées) de la connaissance naturelle de toute créature. Et cas advenant que (et en ce cas) le prophète, moyennant la parfaite lumière de la prophétie, (à) lui appairt manifestement (obtient la connaissance manifeste) des choses divines comme humaines ; que ce ne se peut faire (ce qui ne peut se faire autrement, c'est-à-dire par la connaissance naturelle), veu que les effets de la future prédiction s'étendent loing : car les secrets de Dieu (sont) incompréhensibles ; et (mais) la vertu effectrice (de la prophétie) contingent de longue étendue de (dépassant de bien loin) la connaissance naturelle, prenant leur plus proche origine du libéral arbitre fait apparoir les causes que d'elles-mêmes ne peuvent acquérir celles notices pour être connues (fait apparoître, dévoile, les causes qui prennent leur plus proche origine du libre arbitre et dont les connaissances humaines ne peuvent acquérir la science) ne (ni) par les humaines augures, ne par autre connaissance ou vertu occulte comprinse (comprise) sous la concavité du ciel, même du fait présent de la totale éternité qui vient en soy embrasser tout le temps.

Mais moyennant *quelque indivisible éternité*, par *comitiale agitation hiéraclienne*, les causes par le céleste mouvement (des astres) sont connues. Je ne dis pas, mon fils,...., que les causes futures bien lointaines ne soyent à la connaissance de la créature raisonnable ; si (elles le) sont ; nonobstant bonnement la créature de l'âme intellectuelle, des choses présentes lointaines ne luy sont du tout ne trop occultes, ne trop reserées (ni trop cachées ni trop révélées) ; mais la parfaite des causes notice (la parfaite connaissance des causes) ne se peut acquérir sans celle (cette) divine inspiration : veu que toute inspiration prophétique reçoit prenant son principal principe mouvant de Dieu le Créateur, puis de L'HEUR et de la NATURE. Parquoy étant les causes indifférentes indifféremment produites, le présage partie avient ou a été prédit : car l'entendement créé intellectuellement ne peut voir occultement, sinon par *la voix faite aux limbes*, moyennant la *exigue flame*, en laquelle partie les causes futures se viendront à incliner.

Et aussi, mon fils, je te supplie que jamais tu ne veuilles employer ton entendement à... la vanité de la plus qu'exécrable magie réprouvée *jadis* par les sacrées Écritures, et par les divins canons, au chef duquel EST EXCEPTÉ LE JUGEMENT DE L'ASTROLOGIE JUDICIELLE PAR LAQUELLE et moyennant inspiration et révélation divine *par continuelle supputation* avons nos prophéties rédigées par écrit. Et combien que (quoique) celle (cette) occulte philosophie ne fusse réprouvée, n'ay oncques voulu (te) présenter leurs effrénées persuasions combien que (quoique) plusieurs volumes qui ont été cachés par longs siècles me sont été manifestés..... Les ay en cendres convertis.

Mais quant au jugement qui se vient parachever moyennant le jugement céleste (des astres), cela te veux-je manifester (je veux te manifester cela) : par quoy (tu pourras) avoir connaissance des causes futures, rejettant loing les phantastiques imaginations qui adviendront; limitant la particularité des lieux par divine inspiration supernaturelle; accordant aux célestes figures (aux constellations) les lieux, et une partie du temps de propriété occulte par vertu, puissance et faculté divine en présence de laquelle les trois temps sont comprins (compris) par éternité, révolution tenant à la cause passée, présente et future.

Par quoy, mon fils, tu peux facilement... comprendre que les choses qui doivent advenir se peuvent prophétiser PAR LES NOCTURNES ET CÉLESTES LUMIÈRES QUI SONT NATURELLES, et par l'esprit de prophétie : non que je me veuille attribuer nomination ni effect prophétique, mais par révélée inspiration, comme homme mortel éloigné non moins de sens au Ciel, que les pieds en terre... Suis pécheur plus grand que nul de ce monde, subjet à toutes humaines afflictions. Mais étant surprins (surpris) par fois la semaine *limphatiquant, et par longue calculation*, rendant *les études nocturnes* de souève odeur, j'ay composé livres de prophéties contenant chacun cent quatrains astronomiques de prophéties; lesquels j'ai voulu un peu rabouter obscurément, et sont perpétuelles vaticinations pour d'ici à l'année 3797. Que possible fera retirer le front à quelques-uns, en voyant extension...

Combien que (quoique) le seul Dieu éternel soit celuy seul qui connoit l'éternité de sa lumière, procédant de luy-même, — et je dis franchement qu'à ceux à qui sa magnitude immense, qui est sans mesure et incompréhensible, a voulu *par longue inspiration mélancolique* révéler, que moyennant *icelle cause occulte* manifestée divinement principalement de deux causes principales qui sont conprinses à l'entendement de celuy inspiré qui prophétise, l'une est que vient à infuser, éclaircissant lumière supernaturelle, au personnage qui prédit par la doctrine des astres, et prophétise par inspirée révélation laquelle est une certaine participation de la divine éternité. (Je dis franchement que moyennant *icelle cause occulte* manifestée divinement principalement de deux causes principales, etc... dont l'une est une lumière supernaturelle éclaircissant infuse... à ceux à qui sa magnitude immense etc... a voulu révéler, au personnage qui prédit par la doctrine des astres et prophétise par inspirée révélation qui est une certaine participation de la divine éternité) moyennant (dis-je, cette cause occulte ou cette lumière) le prophète vient à juger de cela (arrive à porter ce jugement sur ses connaissances prophétiques) que son divin esprit lui a donné par le moyen de Dieu le créateur et par une NATURELLE INTIGATION, c'est à sçavoir (à savoir) que ce (qu'il a) prédit est vray et a pris son origine et éthéréement (du ciel) et (que une) *telle lumière et flamme exigue* est de toute efficace, et de telle altitude non moins (et d'une certitude non moins profonde) que la naturelle clarté et la naturelle lumière (qui) rend les philosophes si asseurés, que moyennant les principes de la première cause ils ont atteint aux plus profonds abysmes des plus hautes doctrines...

Extraits de la lettre à Henri II.

… A un très-sage prince j'ay consacré *mes nocturnes et prophétiques supputations*, , composées plus tôt D'UN NATUREL INSTINCT… et la plupart (ai) *composé et accordé à la calculation astronomique*…

Il est bien vray, sire, que pour mon NATUREL INSTINCT QUI M'A ÉTÉ DONNÉ PAR MES AVITES *ne cuidant présager*, et adjoutant et accordant ICELUY NATUREL INSTINCT AVEC MA LONGUE SUPPUTATION (il est bien vrai, sire, que ne voulant pas prophétiser seulement PAR L'INSTINCT NATUREL QUE J'AI REÇU DE MES ANCÊTRES, mais ajoutant et accordant CE NATUREL INSTINCT avec *ma longue supputation*), (j'ai) le tout accordé (calculs et quatrains) et présagé (prophétisé) l'une partie (en partie) TRIPODE ÆNEO (PAR LE TRÉPIED D'AIRAIN). Combien que (quoique) ils sont plusieurs qui m'attribuent ce qui est autant à moy, comme de ce que n'en est rien (ce qui est à moi, comme ce qui ne l'est pas), Dieu seul éternel… est le vray juge, auquel je prie qu'il me veuille défendre de la calomnie des méchants qui voudroyent aussi calomnieusement s'enquérir pour (par) quelle cause tous vos antiquissimes progéniteurs Roys de France ont guéri des écrouëlles, et des autres nations ont guéry de la morsure des serpens, les autres ont eu CERTAIN INSTINCT DE L'ART DIVINATRICE…

Tout a été calculé par le cours céleste, par ASSOCIATION D'ÉMOTION INFUSE à certaines heures délaissées, PAR ÉMOTION DE MES ANTIQUES PROGÉNITEURS,….. (ancêtres)… par une NATURELLE INFUSION, approchant à la sentence d'un des mille et deux prophètes, qui ont été depuis la création du monde, jouxte (selon) la supputation et chronique punique de Joël : *Effundam spiritum meum super omnem carnem*, etc... Mais telle prophétie procédait de la bouche du Saint-Esprit qui était la souveraine puissance éternelle, adjoincte avec la céleste à d'aucuns de ce nombre ont prédit de grandes et esmerveillables adventures.

Moy en cet endroit je ne m'attribüe nullement ce tiltre, jà à Dieu ne plaise; je confesse bien que le tout vient de Dieu..... Sans y avoir rien meslé de la divination qui provient *a fato*, mais *a Deo*, a NATURA...

Ayant supputé et calculé les présentes prophéties... le tout par DOCTRINE ASTRONOMIQUE et SELON MON NATUREL INSTINCT.

Extrait des Centuries.

Estant assis de nuict (dans le) secret (de l') estude,
Seul, reposé sur la *Selle* (trépied) d'Airain :
(une) *Flambe exigue* sortant de (la) solitude,
Fait proférer qui n'est à croire vain.
La Verge en main mise au milieu de Branches,
De l'onde il moulle et le limbe et le pied :
Un peur et voix frémissent par les manches ;
Splendeur divine. Le divin près s'assied.

(Centurie, I, 1. 2.)

TABLE DES MATIÈRES.

		Pages.
Avant-propos		5
Lettre I.	Introduction	7

PREMIÈRE PARTIE. — Des Prophéties modernes en général.

Lettre II.	Autorité et utilité des prophéties modernes	9
Lettre III.	Règles pour le choix des prophéties	15

DEUXIÈME PARTIE. — Des prophéties modernes en particulier.

Lettre IV.	De la prophétie d'Orval	19
Lettre V.	Notices sur quelques autres prophéties modernes	43
Lettre VI.	Nostradamus	66

TROISIÈME PARTIE. — Ce que les Prophéties annoncent pour un avenir prochain.

Lettre VII.	Explications	99
	I. — Temps qui précèdent la venue d'Henri V.	
Lettre VIII.	Avertissements et signes	104
Lettre IX.	Confusion dans l'ordre politique : lutte des partis, guerre civile, sociale, étrangère	112
Lettre X.	La grande crise ou le grand coup. — Le grand combat. — Intervention divine	117
Lettre XI.	Ruine complète de Paris	131

Lettre XII. Fléaux.	136
Lettre XIII. L'Eglise et Rome.	146
Lettre XIV. L'Europe.	158
Lettre XV. Durée et fin des bouleversements et des fléaux.	163

II. — Avénement et règne d'Henri V.

Lettre XVI. Triomphe. — Henri V. — Paix.	169
Appendice I.	225
Appendice II.	239

FIN DE LA TABLE DES MATIÈRES.

Poitiers, typographie H. Oudin.